KB200475

매일 소망

매일 소망

지은이 | 류응렬
초판 발행 | 2025. 3. 19
등록번호 | 제1988-000080호
등록된 곳 | 서울특별시 용산구 서빙고로65길 38
발행처 | 사단법인 두란노서원
영업부 | 2078-3333 FAX | 080-749-3705
출판부 | 2078-3331

책 값은 뒤표지에 있습니다.
ISBN 978-89-531-5066-9 03230

독자의 의견을 기다립니다.
tpress@duranno.com http://www.duranno.com

두란노서원은 바울 사도가 3차 전도여행 때 에베소에서 성령 받은 제자들을 따로 세워 하나님의 말씀으로 양육하
던 장소입니다. 사도행전 19장 8-20절의 정신에 따라 첫째 목회자를 돕는 사역과 평신도를 훈련시키는 사역, 둘째
세계선교(TIM)와 문서선교(단행본·잡지) 사역, 셋째 예수문화 및 경배와 찬양 사역, 그리고 가정·상담 사역 등을
감당하고 있습니다. 1980년 12월 22일에 창립된 두란노서원은 주님 오실 때까지 이 사역들을 계속할 것입니다.

매일 소망

오늘을 견디고 이겨 낼 수 있는 힘

류응렬

두란노

차례

2
PART

내가 너와 영원히 함께, 소망

너를 향한 나의 계획은 희망이란다

어느 때보다 소망이라는 말이 절실한 시대를 살아가고 있습니다. 모두가 힘겨운 인생의 무게를 지고 하루하루를 살아갑니다. 소망은 자신의 삶을 행복으로 인도할 뿐 아니라 다른 사람에게도 새롭게 일어설 수 있는 용기를 선물합니다. 소망의 강물을 마시면 절망스러운 환경에도 무너지지 않습니다. 호흡이 있는 마지막 순간까지 살아가야 할 분명한 이유가 있기 때문입니다.

하나님 안에 둔 소망은 유한한 지상의 삶 속에서 하늘을 바라보게 합니다. 이 소망이 있으면 어두운 밤에도 부를 수 있는 노래가 있고, 광야 같은 삶에도 드릴 수 있는 감사가 있습니다. 어떤 상황이 펼쳐진다 해도 내 인생이 하나님의 손에 있다는 것을 믿기 때문입니다. 소망은 모든 것이 잘될 것이라는 자기 암시가 아닙니다. 좋으신 하나님이 내 삶의 주인이시라는 신앙 고백입니다.

우리의 유일한 소망 되시는 예수 그리스도, 그 주님이 오늘도 따스한 눈빛으로 우리를 향해 말씀하십니다. "걱정 마라, 나에게 계획이 있단다. 너를 향한 나의 계획은 희망이란다."

소망

나 주어진 한 번의 삶을

세상이라는 무대에서

당신의 눈을 바라보며

아름다운 노래 부르게 하소서

당신의 선율을 따라 부르는 나의 노래가

눈물짓는 사람에게 위안이 되고

외로운 사람에게 친구가 되어

당신을 보여 주는 편지가 되게 하소서

무대를 밝히는 빛 하나둘 사라지고

내 삶의 커튼이 내리는 날

당신이 그려 놓은 하늘의 음률

못다 부른 노래 남기지 않도록

오늘이 마지막 무대처럼

내 전부를 바쳐 그렇게 노래하다

하늘이 열리고 당신이 부르는 날

당신 앞에 서게 하소서

1

❧

오늘을 이겨 내는 호흡, 소망

하나님이 없는 사람에게

광야는 절망의 땅이지만,

하나님을 의지하는 사람에게 광야는

하나님을 체험하는 성지가 됩니다.

나를 타일러서
광야로 인도하시는 하나님

제 생애에 아주 특별한 만남이 있습니다. 온누리교회를 담임하셨던 고(故) 하용조 목사님과의 첫 만남입니다. 2001년, 제가 미국에서 유학하고 있을 때 두란노에서 특별한 부탁을 해 왔습니다. 한국에서 제1회 전국목회자콘퍼런스를 하려고 하는데 미국에서 가장 영향력 있는 설교자를 초청하고 통역해 달라는 부탁이었습니다.

첫 강사로 이전에 커버넌트(Covenant) 신학대학원 총장이었던 브라이언 채플(Bryan Chapell) 박사를 모시게 되었습니다. 교수님의 강의를 사흘 동안 통역하면서 함께 머물렀던 곳이 하용조 목사님의 목양실이었습니다. 목사님의 화장실에 처음 들어간 순간을 잊을 수가 없습니다. 화장실 가득 놓여 있는 약병들과 의료 기구들을 보면서 약국 같다는 느낌을 받았습니다.

암 투병 중에도 목회를 하셨던 목사님을 떠올리면서 '어떻게 이런 몸으로 목회를 하실까' 하는 생각이 들었습니다. 목사님과 대화할 때 조심스럽게 여쭈었습니다.

"목사님, 너무 힘겹지 않으십니까?"

목사님의 대답이 제 마음을 참으로 숙연하게 했습니다.

"주일에 여러 번 설교해야 하는데 때로는 한 번밖에 하지 못하고 1부 설교를 영상으로 대체할 때가 많아요. 설교할 때마다 마지막처럼 강단에 오릅니다. 이 아픔 때문에 복음이 더욱 절실하게 느껴지고, 이 고난 때문에 복음을 더욱 간절하게 전하게 됩니다."

극심한 아픔으로 복음을 더욱 절실하고 간절하게 전한다는 그 한마디는 입술의 고백이 아니라 삶에서 나온 증언처럼 다가왔습니다.

목사님의 광야 같은 삶은 계속되었습니다. 여러 차례 암 수술을 하는 등 암과 싸우며 10년 동안 강단을 지키셨습니다. 그렇게 쓰러지며 일어나며 마지막까지 강단에서 복음을 외치다가 주님의 품에 안기셨습니다.

세상은 온통 광야

인생 여정에 다가오는 광야, 생각하지 않았던 어려움들, 고난의 세월들…. 이런 어려움을 겪어 보지 않은 사람이 누가 있겠습니까. "광야를 지나며"라는 찬양의 시작 부분은 이런 우리의 현실을 잘 보여 줍니다.

> 왜 나를 깊은 어둠 속에 홀로 두시는지
> 어두운 밤은 왜 그리 길었는지
> 나를 고독하게 나를 낮아지게
> 세상 어디도 기댈 곳이 없게 하셨네
> 광야 광야에 서 있네

이 시대를 살아가는 우리에게 광야는 참 실감나게 다가옵니다. 영적으로 광야 같은 시대입니다. 부모는 아이들을 학교에 보내며 광야에 던져 놓는 듯한 두려움을 느낍니다. 이전 세대와 완전히 다른 세상에서 자라나는 아이들을 보면서 어떻게 교육시키는 것이 맞는지 고민하며, 고난의 현실을 마주하고 있습니다.

매일의 삶에서 실제로 고난의 광야를 만나는 분들도 있습니다. 내일이 보이지 않는 막막한 상황에서 오늘 저녁 잠을 청해야 하는 분들도 있습니다. 육신의 질병, 가정의 문제, 다양한 아픔을 가지고 광야 같은 어둠의 세월을 지나면서 하나님의 은혜를 구하는 사람들, 광야를 지나가는 분들이 얼마나 많은지 모릅니다.

하나님이 우리를 광야로 데려가신다

광야를 좋아할 사람은 아무도 없습니다. 그런데 호세아서를 보면 하나님이 참 이해하기 어려운 말씀을 하십니다. 우리를 광야로 데려가시는 분이 하나님이라고 말합니다.

그러므로 보라 내가 그를 타일러 거친 들로 데리고 가서 말로 위로하고 호 2:14

"나"는 하나님을 가리키고, "그"는 고멜을 가리킵니다. 고멜은 호세아의 아내이지만, 하나님을 버리고 우상을 섬기는 이스라엘 백성 전체를 가리키기도 합니다. 여기에는 하나님 앞에 온전히 살아가지 못하는 오늘의 우리도 들어 있습니다. 하나님은 우리 모두를 광야로 데려간다고 말씀하십니다.

누가 광야로 가고 싶겠습니까. 하나님은 이런 우리 마음을 너무도 잘 아십니다. 하나님의 마음을 보여 주는 중요한 단어가 하나 있습니다. 하나님이 우리를 "타일러" 거친 들로, 광야로 데려간다고 말씀하십니다. "타일러"는 히브리어로 '파타'입니다. 본래 '유혹하다', '거짓으로 속이다'라는 의미를 가지고 있습니다. 우리를 유혹해서라도, 거짓으로 속여서라도 광야로 데려가고자 하시는 하나님을 볼 수 있습니다.

하나님은 왜 그렇게까지 하면서 우리를 광야로 데려가려고 하실까요? 광야에서 하나님이 반드시 하려고 하시는 일이 있기 때문입니다. 삶의 여정에서 광야를 만날 때마다 우리가 기억해야 하는 말씀이 바로 이것입니다. 하나님이 우리를 타일러서라도 광야로 데려가신다면 그만한 이유가 있을 것입니다. 예수님의 광야 시험을 기억합니까? 예수님을 광야로 내몰아 간 것은 사탄이 아니었습니다. 성령 하나님이 예수님을 광야로 인도하셨습니다.

광야를 만날 때 기억하십시오. 풀 한 포기, 물 한 방울 없는 광야로 인도하신 분이 바로 하나님이시라면 반드시 하실 일이 있다는 것을! 그 하나님을 이해해야 푸른 초장이나 맑은 호숫가를 거닐든, 아니면 거친 광야를 통과하든 똑같이 하나님을 찬양할 수 있습니다.

광야에는 늘 따라다니는 질문이 하나 있습니다.

"하나님이 이 아름다운 세상을 창조하시면서 왜 광야를 지으셨을까? 우리를 이토록 사랑하시는 하나님이 왜 광야 같은 삶을 허락하실까?"

이스라엘 백성이 40년 동안 광야 생활을 하면서 끊임없이 물었던 질문입니다.

"2주만 걸어가면 약속하신 가나안 땅이 펼쳐질 텐데 왜 고난의 세월 40년을 광야에서 보내야만 하는가?"

신명기 8장은 하나님이 그들을 광야로 인도하신 이유를 자세히 설명합니다.

> 네 하나님 여호와께서 이 사십 년 동안에 네게 광야 길을 걷게 하신 것을 기억하라 이는 너를 낮추시며 너를 시험하사 네 마음이 어떠한지 그 명령을 지키는지 지키지 않는지 알려 하심이라 신 8:2

광야를 걷게 하신 분이 하나님이라고 말합니다. "우리를 낮추시기 위해서, 우리를 시험하시기 위해서, 우리가 하나님의 명령을 지키는지 확인하시기 위해서"라고 이유를 밝힙니다. 자기를 비워야 누군가의 말에 순종할 수 있습니다. 겸손해야 자기를 낮출 수 있습니다.

사람은 평소에는 믿음으로 살아가지만 긴급한 상황에 몰리게 되면 본성이 드러나게 마련입니다. 육신의 생각에 지배당하기도 하고 이성적으로 돌아가기도 합니다. 하나님이 그 처참한 광야에서 보고자 하시는 것이 바로 이것입니다. 우리가 누구인지, 정말 하나님을 찾고 의지하는지를 보기 원하십니다.

주님은 왜 이런 시험을 주실까요? 광야의 삶은 지금까지 누려 왔던 삶과는 전혀 다릅니다. 하나님의 도우심 없이는 하루도 살 수 없는 곳이 광야입니다. 하나님을 모르는 사람에게 광야란, '내가 왜 이런 곳에 던져졌는가' 원망하다가 낙심으로 빠져들어 가는 곳입니다. 하나님을 진실로 믿고 아는 사람에게 광야란, 하나님이 하실 일을 믿고 하나님을 바라보는 곳입니다. 하나님이 없는 사람에게 광야는 절망의 땅이지만, 하나님을 의지하는 사람에게 광야는 하나님을 체험하는 성지가 됩니다.

광야에서 승리하려면 말씀 앞에 무릎 꿇기

이스라엘 백성이 지금 어떤 상황입니까? 애굽에서 사백 년 동안 종살이하면서 하나님을 다 잊어버렸습니다. 그러나 하나님은 그들을 버리지 않고 끝까지 찾아오셨고, 하나님을 향한 신앙을 다시 회복시켜 주기를 원하셨습니다. 이스라엘 백성이 광야에서 죽은 이유는 먹을 음식과 마실 물이 없어서가 아닙니다. 하나님을 몰랐던 불신앙, 하나님을 몰랐던 무지가 하나님의 백성을 죽인 것입니다.

광야를 지날 때 어떻게 해야 하나님이 원하시는 삶을 살 수 있을까요? 하나님은 계속해서 말씀하십니다.

너를 낮추시며 너를 주리게 하시며 또 너도 알지 못하며 네 조상들도 알지 못하던 만나를 네게 먹이신 것은 사람이 떡으로만 사는 것이 아니요 여호와의 입에서 나오는 모든 말씀으로 사는 줄을 네가 알게 하려 하심이니라 신 8:3

지금까지 이스라엘 백성은 떡으로 살아왔습니다. 떡이 많이 생기면 기뻐하고, 떡이 없으면 낙심했습니다. 그런데 이제는 달라졌습니다. 정말 하나님의 백성이라면 떡으로만 사는 것이 아니라, 하나님에게서 나오는 말씀, 진정한 생명의 떡이 되시는 예수님을 먹고 예수님을 주인으로 모시고 살아가는 새로운 백성이 되어야 한다는 것입니다. 그것을 깨닫게 하는 것이 광야 생활의 목적이라고 말씀하십니다.

예수님이 광야에서 받으셨던 시험을 떠올려 보십시오. 사탄이 세 가지를 시험했을 때 예수님이 어떻게 물리치셨습니까? 돌이 떡이 되게 하라고 했을 때, "사람이 떡으로만 살 것이 아니요 하나님의 입으로부터 나오는 모든 말씀으로 살 것이라" 하셨고, 성전에서 뛰어내리라고 했을 때, "주 너의 하나님을 시험하지 말라" 하셨습니다. 또한 천하만국을 보여 주며 나에게 절하면 다 주겠다고 했을 때, "주 너의 하나님께 경배하고 다만 그를 섬기라" 하셨습니다(마 4:1-11).

이처럼 예수님은 하나님의 말씀으로 사탄을 물리치셨습니다. 광야같이 아무것도 없는 처절한 상황에서 승리할 수 있는 길은 하나님을 찾는 것이라고, 하나님의 말씀 앞에 무릎을 꿇는 것이 승리의 비결이라고 가르쳐 주셨습니다.

지난 40년 광야 생활뿐만이 아닙니다. 호세아서는 이스라엘이 포로로 잡혀가기 전에 기록된 말씀입니다. 앞으로 그들은 포로로 잡혀가 이방 땅에서 종살이를 하게 될 것입니다. 앗시리아의 침략에 북이스라엘이 멸망당하고, 바벨론의 침략에 남유다가 멸망당하여 포로 생활을 하게 될 때 이스라엘 백성의 가슴에 끊임없이 다가오는 질문이 무엇이겠습니까?

"하나님, 왜 우리가 이런 고난을 당해야 합니까? 하나님이 정말 우리를 버리셨습니까? 더 이상 우리에게 소망이 없습니까?"

그들이 나라를 잃은 이유는 간단합니다. 힘이 없어 나라가 망한 것입니다. 그러나 하나님의 사람은 역사를 바라보는 시각이 다릅니다. 이스라엘 민족이 나라를 잃은 것은 단순히 힘이 없어서가 아닙니다. 하나님을 버리고 우상 숭배한 사람들을 향한 하나님의 심판입니다. 그러나 하나님의 심판은 징벌로 그치지 않습니다. 심판을 통해 하나님이 새롭게 일으키실 미래가 있습니다. 하나님은 그 놀라운 계획을 미리 말씀으로 알려 주십니다.

거기서 비로소 그의 포도원을 그에게 주고 아골 골짜기로 소망의 문을 삼아 주리니 호 2:15

이 짧은 한마디가 구약성경의 핵심을 담고 있습니다. 신구약성경 전체에 나타난 하나님의 역사, 우리가 누구인지, 하나님이 무엇을 하시는지까지 모든 것을 말해 주는 한마디입니다.

이스라엘 백성에게 포도는 기쁨의 상징입니다. 그들은 결혼

식에서 포도주로 기쁨을 나누는 민족입니다. 하지만 하나님이 약속하신 포도주는 그 정도에서 그치지 않습니다. 하나님은 "내가 그에게 포도원을 주리라"고 말씀하십니다. 하나님이 우리에게 약속하시는 것은 포도주 한 잔이 아니라 포도원 전체입니다.

포도원이란 무엇을 의미할까요? 광야에서 40년을 지낸 이스라엘 백성이 기대했던 포도원은 약속의 땅, 젖과 꿀이 흐르는 가나안이었을 것입니다. 그러나 하나님은 그 이상을 말씀하십니다. 포로 생활 중에 이스라엘 백성이 기대한 포도원은 고국으로 돌아와 자유의 몸이 되는 것이었습니다. 그러나 하나님의 약속은 그보다 더 깊습니다. 성경 전체에서 포도원을 이해해야 하나님의 원대한 그림이 보입니다.

예수님이 말씀하십니다.

"나는 참 포도나무요 너희는 가지라."

우리 하나님이 친히 포도원이 되신다고 말씀하십니다. 광야에서 하루 먹을 양의 포도주를 주시는 것이 아니라 하나님 자신이 우리 안에 오셔서 "너희가 나를 소유하게 되리라", "너희가 나의 아들딸이 되리라", "너희가 내 백성이 되리라"고 말씀하십니다. 광야에서 하나님이 보여 주고자 하시는 것은 우리의 진정한 포도원이 되시는 하나님 자신입니다.

하나님은 광야에서 이 놀라운 사실을 보여 주셨습니다. 하늘에서 만나를 내리셨습니다. 하나님은 만나를 통해 우리가 만나야 할 분이 하나님이라는 사실을 보여 주셨습니다. 하루하루 들에서 줍는 만나가 끝이 아닙니다. 역사가 흘러 만나를 내려 주신 하나님이 마침내 친히 세상에 오셨습니다. 그분이 바로 생명의 떡으로 오신 우리 주 예수 그리스도입니다.

진정한 자유도 마찬가지입니다. 포로 생활 후 고국으로 돌아온 이스라엘 백성은 육신의 자유를 얻었습니다. 그러나 우리 인간을 모든 죄에서 해방시키는 진정한 자유는 예수 그리스도의 말씀 안에 머물 때 얻을 수 있습니다.

이 놀라운 역사가 일어나는 때는 언제입니까? 평탄한 길이 아닌 광야 길을 걸을 때입니다. 세상에서 모든 소망이 사라진 바로 그때입니다. 어둠을 뚫고 세상에 오셔서 우리에게 생명의 빛이 되신 주님을 만나는 그때입니다.

이런 사람에게 광야는 새로운 세상의 시작입니다. 하나님은 범죄한 우리를 끝까지 사랑하셔서, 우리를 타일러서라도 광야로 데리고 가시며, 그곳에서 자신을 보여 주십니다. 그 광야가 하나님을 만나는 출발점입니다. "광야를 지나며"라는 찬양은 이러한 하나님의 모습을 계속해서 노래합니다.

주께서 나를 사용하시려
나를 더 정결케 하시려
나를 택하여 보내신 그곳, 광야

성령이 내 영을 다시 태어나게 하는 곳
광야 광야에 서 있네

광야에서 만나는 고통과 처참함이 하나님의 계획이라면, 우리는 광야에서 물을 찾을 것이 아니라 하나님을 구해야 합니다. 광야에서 던져야 할 질문은 "왜?"가 아니라, 광야에서 기적을 맛보게 하신 하나님을 "어떻게 찬양할까?"라야 합니다.

아골 골짜기를 낭비하지 말라

우리를 타일러서 광야로 인도하시는 하나님, 마른 땅에 생명의 포도원을 약속하신 하나님이 우리에게 주시는 찬란한 약속이 있습니다.

"내가 너희에게 아골 골짜기로 소망의 문이 되게 하리라."

성경 전체에서 이보다 더 감격스러운 약속이 있을까요?

"죽음의 땅 아골 골짜기를 소망의 문으로 만들고, 흑암의 땅 아골 골짜기에 소망의 꽃이 피어나게 하리라."

'아골 골짜기'라는 이름을 기억합니까? 이스라엘 백성이 가나안 땅을 정복할 때 철옹성 같은 여리고성은 쉽게 무너뜨렸습니다. 그러나 작고 보잘것없는 아이성과의 전투에서는 처절한 패배를 당했습니다. 탐욕으로 인한 아간의 죄 때문이었습니다. 이스라엘 백성은 그를 돌로 처단하고 그가 훔친 물건들을 불태워 그 자리에 돌무더기를 만들었습니다. 그곳이 바로 '아골 골짜기'입니다.

아골 골짜기는 죽음과 심판의 상징입니다. 그러나 하나님은 그 아골 골짜기에서 소망의 문을 열겠다고 하십니다. 아간뿐이겠습니까? 고멜뿐이겠습니까? 타락한 이스라엘 백성, 하나님 앞에 온전히 살지 못하는 우리 모든 사람이 올라가야 할 아골 골짜기, 그 심판의 땅에서 하나님은 소망의 문을 열겠다고 약속하십니다. 그곳에서 포도원을 주시고 소망의 꽃을 피우시고, 그 땅을 죽음이 아닌 생명의 낙원으로 바꾸겠다고 말씀하십니다. 그 순간 아골 골짜기는 심판이 드리운 어둠의 땅이 아니라, 하나님의 임재가 있는 천국이 됩니다.

하나님은 이 약속을 어떻게 이루셨을까요? 아골 골짜기에서 우리가 받아야 할 저주를 대신할 예수님을 보내셨습니다. 아골 골짜기에서 우리가 받아야 할 심판을 대신해 예수님이 골고다 언덕에서 십자가에 못 박히셨습니다. 죽음의 골짜기에서 생명의 문을 여시고 우리를 구원하셨습니다.

하나님의 사랑이 있기에 우리 같은 죄인도 부를 소망의 노래가 있습니다. 소망의 하나님이 계시기에 우리는 고난의 골짜기나 광야로 내몰린다 하더라도 낙심하지 않고, 하나님을 바라보며 일어설 수 있습니다.

우리 가운데 여전히 광야 길을 걷고 있는 분이 있겠지요. 이해할 수 없는 아픔 속에서 눈물짓고 있는 이들, 내일이 보이지 않는 막막한 상황에 괴로워하는 이에게 들려주고 싶은 이야기가 있습니다. 존 파이퍼(John Piper) 목사의 《여러분의 암을 낭비하지 마십시오》(Don't Waste Your Cancer)에 실린 글입니다.

1. 암에 걸린 것이 하나님의 선한 계획임을 믿지 않는다면, 암을 낭비하는 것입니다.
2. 암에 걸린 것이 저주라고 생각한다면, 암을 낭비하는 것입니다.
3. 생존할 확률에서 평안을 찾고 있다면, 암을 낭비하는 것입니다.
4. 죽음에 대해 묵상하기를 피한다면, 암을 낭비하는 것입니다.
5. 투병 중에 예수님보다 자기 목숨을 더 사랑한다면, 암을 낭비하는 것입니다.
6. 하나님보다 암에 대해 더 열심히 공부한다면, 암을 낭비하는 것입니다.
7. 투병 중에 서로 사랑하지 않고 자신을 고독 속에 가둔다면, 암을 낭비하는 것입니다.
8. 암에 걸렸다고 소망 없는 사람처럼 슬퍼한다면, 암을 낭비하는 것입니다.
9. 암에 걸린 후에도 죄에 대해 무감각하다면, 암을 낭비하는 것입니다.
10. 암을 통해 예수님의 영광을 증거하지 않는다면, 암을 낭비하는 것입니다.

암에 걸리면 우리는 고통스럽습니다. 암 투병을 시작하면 아침에 눈을 뜰 때부터 모든 관심이 암에 쏠리기 마련입니다. 그러나 만약 암이 하나님이 우리에게 허락하신 선물이라면 어떨까요? 하나님이 우리를 아골 골짜기로, 광야로 이끌어 가신다면, 타일러서라도 그 길로 데려가신다면, 그 고난 속에서도 우리는 하나님의 뜻을 낭비하지 말아야 합니다.

광야 같은 삶이 펼쳐질 때, 낙심의 그림자가 드리울 때 하나님은 무엇이라고 말씀하실까요?

"아골 골짜기를 낭비하지 말라!"

하나님이 허락하셔서 일어난 일이라면 하나님이 역사하실 자리가 그곳이라 말씀하십니다. 이 믿음을 가지고 눈을 들어 그 자리를 볼 때, 사방이 절망에 둘러싸인 아골 골짜기에서 소망의 꽃이 피어나고, 찬양의 노래가 터져 나오는 순간을 경험하게 됩니다.

하나님의 기적 같은 역사가 펼쳐질 때 우리에게 주어지는 놀라운 기쁨을 호세아는 이렇게 노래합니다.

그가 거기서 응대하기를 어렸을 때와 애굽 땅에서 올라오던 날과 같이 하리라 호 2:15

애굽 노예살이에서 해방되던 날, 무거운 쇠사슬을 벗어던지고 감격적으로 하나님께 나아갔던 이스라엘 백성처럼, 우리도 죽음의 땅에서 소망의 문을 보며 하나님께 응답할 수 있습니다. "응대하다"는 히브리어 '아나'에서 유래되었으며, '축복하다', '찬양하다', '노래하다'는 의미를 담고 있습니다. 그 응답은 단순한 대답이 아니라, 하나님 앞에서 감격하며 찬양을 드리는 반응입니다.

아골 골짜기에서 죽음의 심판을 만난 줄 알았는데 거기에서 소망의 문이 열리는 것을 바라보고 하나님을 찬양하는 사람들의 모습을 상상해 보십시오. 출애굽기에도 소리 높여 외치는 찬양 소리가 있습니다.

내가 여호와를 찬송하리니 그는 높고 영화로우심이요 말과 그 탄 자를 바다에 던지셨음이로다 여호와는 나의 힘이요 노래시며 나의 구원이시로다 그는 나의 하나님이시니 내가 그를 찬송할 것이요 내 아버지의 하나님이시니 내가 그를 높이리로다 출 15:1-2

바다에 던져진 것은 이스라엘 백성이 아니라 애굽 군사들이었습니다. 이런 노래는 그냥 나오는 것이 아닙니다. 죽음의 골짜기에서 하나님의 구원을 체험한 사람들에게서 흘러나오는 가슴의 노래입니다. 죽음의 땅 아골 골짜기에서 내가 죽어야 하는 줄 알았는데 나를 대신하여 피 흘리신 예수를 발견하는 순간, 그때 터져 나오는 고백이 있습니다.

여호와께서 이르시되 그날에 네가 나를 내 남편이라 일컫고 다시는 내 바알이라 일컫지 아니하리라 호 2:16

이스라엘은 바알을 남편으로 삼았습니다. '바알'은 혼합된 신앙, 세속적인 우상을 상징합니다. 하나님은 말씀하십니다.

"나는 바알처럼 너희의 여러 신 가운데 하나가 아니다. 나는 너희를 사랑하는 남편이요, 너희를 위해 생명을 주는 하나님이다."

하나님이 남편이 되어 무너진 관계를 회복하겠다고 말씀하십니다. 우리를 타일러서라도 광야로 데려가시는 하나님은 그 광야에 하늘의 포도원을 예비하시고 아골 골짜기에서 소망의 문을 여십니다.

이 말씀을 가만히 묵상하면 보이는 분이 있나요? 우리 하나님이 지금 무슨 일을 하고 계시는지가 보입니까? 당신의 아들을 타일러서 육신의 몸을 입고 죄악의 땅인 이곳에 오게 하시는 하나님이 보입니까? 당신의 아들을 타일러서 죽음의 언덕, 골고다의 길을 걷게 하시는 하나님이 보입니까? "아버지, 할 수만 있다면 이 잔을 물리쳐 주소서!" 울부짖는 아들의 기도를 외면하시고 예수님을 타일러 십자가로 올라가게 하시는 하나님, "아버지, 어찌하여 나를 버리시나이까!" 고통스럽게 절규하는 처절한 아들의 외마디 기도를 외면하시고 당신의 얼굴을 돌리시고 하나뿐인 아들을 십자가에 못 박으시는 분, 이분이 우리 하나님입니다.

아골이라는 저주의 땅에서, 우리가 못 박혀야 될 그 자리에서 당신의 아들을 대신 못 박으면서 들려주시는 주님의 사랑 노래, 심장으로 부르시는 그 노래를 들어야 합니다. 우리가 받아야 될 저주의 골짜기에서 당신이 대신 피를 흘리심으로 생명의 꽃을 피우시는 우리 하나님의 눈물을 보아야 합니다.

고난 '때문에', 광야 '때문에'

하용조 목사님과 대화하면서 제 가슴에 깊이 남은 한마디가 있습니다. 하 목사님은 그 고난에도 '불구하고' 하나님을 간절히 찾은 것이 아니었습니다. "그 고난 '때문에' 하나님을 더 깊이 찾게 되었습니다"라고 고백하셨습니다. 그 고난에도 불구하고, 극심한 아픔에도 불구하고 생명을 바쳐 설교하는 것이 아니었습니다. "그 고난 '때문에' 더 간절한 마음으로, 더욱 절실한 마음으로 인생의 마지막 설교처럼 생명의 말씀을 전하게 됩니다"라고 고백하셨습니다.

'그럼에도 불구하고'라는 신앙도 귀합니다. 그러나 '불구하고'라는 말 대신에 '때문에'로 바꾸어 보기를 바랍니다. 무엇에도 '불구하고' 한다면 뭔가 좋은 일이 일어나야 될 것 같습니다. 그러나 '때문에'라고 바꾸어서 고난을 생각하면 우리는 그 고난 때문에 거기서 예수님을 만나게 됩니다. 예수님에게도 마찬가지입니다.

십자가에도 '불구하고'가 아니었습니다. 십자가 '때문에', 서른세 살의 젊은이가 생명을 바친 피 '때문에' 우리가 살아난 것입니다.

광야로 끌려갔기 때문에, 하나님이 우리를 타일러서라도 광야로 데려가셨기 때문에 평소에 보지 못했던 하나님을 만난 것입니다. 광야로 데려가셨기 때문에, 아골 골짜기, 죽음의 땅, 심판의 땅에 섰기 때문에 나를 대신해서 처절하게 피 흘리신 예수님을 만나게 된 것입니다.

우리의 삶에 광야 같은 어두움이 다가올 때, 하나님께 한번 맡겨 보기를 바랍니다. 하나님이 우리를 푸른 풀밭으로 인도하시면 감사할 일입니다. 맑은 시냇가로 인도하셔도 감사할 일입니다. 그러나 우리를 광야로 인도하신다면 "왜?" 하며 원망하고 낙심할 것이 아니라 하나님께 우리 자신을 맡겨야 합니다.

광야 때문에 우리는 새롭게 다가오시는 하나님을 만날 것입니다. 광야 때문에, 아골 골짜기 때문에 십자가에 못 박히신 예수님을 만날 것입니다. 광야 때문에 너무나 부족하고 무능력한 우리 자신을 깨닫게 될 것입니다. 아무것도 아닌 나에게 찾아오신 하나님이 누구신지 알고 그 절절한 사랑을 다시 한 번 느끼게 될 것입니다. 그때 우리는 광야 때문에 진심으로 우리 하나님의 이름을 높이게 될 것입니다.

아골 골짜기에서도 소망의 꽃을 피우시는 우리 하나님, 심판의 땅에서도 생명의 꽃을 피우시는 우리 하나님, 광야에서 그 하나님을 만나는 순간 우리가 발견하는 것이 있습니다. 그 옛날 모든 고난을 이겨 내고 하나님을 향해 드렸던 욥의 고백입니다. 그의 고백이 바로 우리의 고백이 될 것입니다(욥 42:5).

"주님, 지금까지 주님을 귀로만 들었는데 이 광야로 말미암아 이제 주님을 눈으로 보게 되었습니다."

이 아픔의 한복판에서
주님은 나와 함께 눈물을 흘리며
내 손을 붙들고 계십니다.

절망한 그곳에서 다시 시작이다

MZ세대라 불리는 요즘 청년들에게 따라다니는 수식어가 많습니다. 부모보다 가난한 첫 세대, 연애-결혼-주택 구입을 포기한 '3포 세대', 취업난에 좌절을 느낀다는 의미로 표현된 '헬조선', 부모 복을 받지 못하고 태어났음을 비관하는 '흙수저', 이번 삶에서는 희망이 없다는 자조 섞인 뜻을 가진 '이생망' 등.

이처럼 청년 세대 사이에서 주로 쓰이는 언어들에는 부정적 의미가 담긴 경우가 많습니다. 그 말들 중에서도 가장 가슴 아프게 다가온 말은 '이번 생은 망했다'는 뜻의 신조어인 '이생망'입니다. 아무리 노력해도 변하지 않는 세상을 살아가는 청춘들의 절망과 아픔과 눈물이 담겨 있는, 극복할 수 없는 현실을 빗댄 단어이기 때문입니다.

절망에 사로잡힌 이들

어느 시대이든 빈민층, 서민층, 부유층은 존재했으며 늘 고난은 있었습니다. 한국 역사를 놓고 볼 때도 그렇습니다. 일제 강점기 36년 동안 나라를 잃었고, 말과 글을 잃었고, 복음을 전하기 위해 한국에 온 선교사들조차 핍박을 받았습니다. 수많은 그리스도인이 잡혀가 고난을 당했습니다. 어쩌면 우리 한국 민족사 전체가 소망이 없는 시대였다고 해도 과언이 아닐 정도입니다. 그러나 우리는 혹독한 민족말살정책을 펼쳤던 일제 강점기도 이겨 내고 새로운 역사를 이룬 위대한 민족입니다.

6·25전쟁 때도 마찬가지였습니다. 나라 전체가 잿더미로 뒤덮였고 초토화되었습니다. 당시 한국은 에티오피아 다음으로 가난한 나라였습니다. 하지만 미국, 영국, 독일, 프랑스 등 전통 강대국들과 어깨를 나란히 하며 국제사회에 인식되기 시작했고, 새로운 강대국으로 자리 잡으며 새 역사를 썼습니다. 1970년대를 지나면서 급격한 경제 성장을 이룬 한강의 기적을 지나, 오늘날에는 K-문화가 확산되며 전 세계적 인기를 주도하고 있습니다.

이제 대한민국은 완전히 새로운 나라가 되었습니다.

세계 속에 한국이 이렇게 당당히 우뚝 서 있음에도 불구하고 한국의 많은 젊은이는 꿈을 잃어버리고 상실감에 사로잡혀 절망 가운데 살아가고 있는 이 현실이 너무나 안타깝습니다. 이번 생은 망했다는 그들을 향해 이런 말을 들려주고 싶습니다. '이번 생은 망했다'는 부정적 의미의 '이생망'이 아니라, 생각의 흐름을 전환해 '이번 생에 소망 있다'는 긍정의 언어로 바꿔 삶에 투사해 보는 것은 어떨까요?

제가 살고 있는 미국 역시 사회적으로 어려운 시기가 있었습니다. 하나님의 형상대로 지음 받은 인간이 흑백으로 나누어져 인간을 노예로 삼은 아픈 시대였습니다. 그런 역사의 어둠을 뚫고 "나에게는 꿈이 있습니다!"라고 외친 사람, '꿈'이라는 단어 하나로 인종차별에 평화적으로 대항한 사람이 있었습니다. 마틴 루터 킹(Martin Luther King) 목사입니다.

그는 가슴에서 우러나오는 사랑의 호소로 사람들을 감동시키고, 비폭력 평화주의를 지향하며 인종차별 척결에 앞장섰습니다. 인간의 생명과 삶은 모두에게 소중하고 고유의 가치를 갖는다는 그의 신념은 자유와 평등을 근본 가치로 여기는 미국의 인종 평등에 큰 진전을 가져다주며 인권 운동의 도화선에 불을 당기는 계기가 되었습니다.

너를 위한 나의 계획은 '희망'이란다

'소망', '꿈', '기대'라는 말이 어느 때보다 절실하게 다가오는 요즘입니다. 밝은 내일을 약속하기 어려운 시대입니다. 불안한 어둠에 둘러싸여 있습니다. 세상 어느 곳을 살펴보아도 우리 가슴에 영원한 소망을 줄 수 있는 것은 없습니다. 잠시 만족을 주고 기대를 충족시킬 만한 것이라 해도 아침 햇살에 쉬이 사라지는 유한한 것들일 뿐입니다.

인간이 근본적으로 소망을 상실한 이유는 하나님으로부터 분리되었기 때문입니다. 하나님께 범죄하여 심판의 대상이 된 인간에게 모든 소망은 손이 닿을 수 없는 신기루가 되어 버렸습니다.

하나님은 이런 인간에게 끊임없이 찾아오셔서 소망을 약속하십니다. 우리가 불러야 할 소망의 노래를 하나님이 우리를 위해 불러 주고 계십니다. "내가 너희를 새롭게 할 것이다. 마침내 약속의 메시아를 보내어 너희를 나의 아들딸로 삼겠다"라고! 이 소망의 메시지가 성경 전체에 거대한 강물처럼 흐르고 있습니다.

내 삶이, 내 미래가 어떻게 펼쳐질지 모르는 상황에서 과연 소망의 노래를 부를 수 있을까요?

역사상 가장 절망적인 상황에 놓인 사람들이 있다면 이스라엘 백성일 것입니다. 하나님이 특별하게 선택하신 선민이라는 복을 받았지만 이방 나라의 침략으로 국권을 상실하고 포로로 잡혀가 생활해야만 했던 사람들, 내일의 삶을 위한 계획이나 자녀들을 향한 준비, 그 무엇 하나도 제대로 꿈꿀 수 없던 포로 된 사람들, 그들에게 하나님은 놀라운 말씀을 들려주십니다.

여호와의 말씀이니라 너희를 향한 나의 생각을 내가 아나니 평안이요 재앙이 아니니라 너희에게 미래와 희망을 주는 것이니라
렘 29:11

하나님은 약속을 들려주십니다. "내 말은 반드시 내가 성취할 터이니 너희는 꼭 기억하라. 너희의 생각, 힘겨운 환경을 바라보지 말고 나의 음성에 귀를 기울이라"는 말씀입니다. 당장 한 치 앞도 알 수 없어 막막한 상황인데 하나님은 우리의 인생, 미래 전부를 디자인하겠다고 말씀하십니다. 어떤 계획일까요? NIV 성경을 보면 좀 더 실감 나게 다가옵니다.

"For I know the plans I have for you," declares the LORD, "plans to prosper you and not to harm you, plans to give you hope and a future."
너를 위한 계획을 내가 알고 있단다. 너를 번성하게 하려는 것이지 해하려 하는 것이 아니란다. 너에게 희망과 미래를 주려 하는 것이란다. 렘 29:11, NIV

"너를 번성하게 하겠다"는 말씀에서 '번성'은 히브리어로 '샬롬'(평강)입니다. 비록 이방 나라에서 포로 된 신분으로 살아가지만 하나님은 전혀 다른 미래를 계획하고 계셨습니다. 세상에서 얻을 수 없는 하나님이 내리시는 평강과 희망 그리고 미래가 준비되어 있었습니다.

어떤 상황에서든 그리스도인답게!

사실 이 말씀을 듣고 있는 이스라엘 백성의 상황은 평강이 전혀 없는 상태였습니다. 예레미야가 이스라엘 백성에게 쓴 편지글이 당시의 상황을 잘 보여 줍니다.

> 선지자 예레미야가 예루살렘에서 이 같은 편지를 느부갓네살이 예루살렘에서 바벨론으로 끌고 간 포로 중 남아 있는 장로들과 제사장들과 선지자들과 모든 백성에게 보냈는데 렘 29:1

현재 포로 생활 중에 있는 사람들이 가장 원하는 것은 무엇일까요? 당연히 포로에서 해방되어 자유를 누리는 일일 것입니다. 그런 그들에게 하나님이 "너희에게 평강을 주고, 미래를 주고, 소망을 주겠다"고 말씀하시니 이보다 더 기쁜 소식이 어디 있겠습니까.

그런데 편지의 내용을 가만히 들여다보면 너무나 이해하기 어려운 부분이 있습니다.

"너희는 그 땅에서 집을 지어라."

이스라엘 백성이 기대했던 말이 무엇이겠습니까?

"현재 포로로 살고 있지만 얼마 지나지 않아 내가 너희를 고국으로 돌아오게 할 테니, 그곳에 집을 짓지 말라. 나그네 같은 삶을 살며 언제라도 떠날 준비를 하고, 그 땅에 뿌리를 내리지 말라."

그런데 하나님이 들려주신 말씀은 무엇입니까?

너희는 집을 짓고 거기에 살며 텃밭을 만들고 그 열매를 먹으라 아내를 맞이하여 자녀를 낳으며 너희 아들이 아내를 맞이하며 너희 딸이 남편을 맞아 그들로 자녀를 낳게 하여 너희가 거기에서 번성하고 줄어들지 아니하게 하라 렘 29:5-6

하나님은 포로 생활에서 해방되어 자유를 얻어 고국으로 돌아가고 싶은 이스라엘 백성의 마음도 몰라 주시고 다른 말씀만 하십니다.

"집도 짓고, 텃밭도 가꾸고, 자녀를 낳고, 손주들도 보라."

하나님이 이렇게 말씀하신 이유는 무엇일까요? 하나님은 그들이 앞으로 70년 동안 바벨론에서 포로 생활을 할 것이라고 말씀하십니다. 이스라엘 백성의 입장에서는 정말 기가 찰 노릇입니다. 70년이 지난 후 그들 가운데 고국으로 돌아갈 사람이 과연 몇 명이나 될까요? 그런데 이보다 더 이해하기 어려운 말씀이 이어집니다.

> 너희는 내가 사로잡혀 가게 한 그 성읍의 평안을 구하고 그를 위하여 여호와께 기도하라 이는 그 성읍이 평안함으로 너희도 평안할 것임이라 렘 29:7

"바벨론과 그곳 사람들의 평안을 위해 기도하라."

이스라엘을 무너뜨리고 노예로 끌고 온 원수 같은 사람들을 위해 기도하라는 하나님의 말씀입니다. 하나님은 왜 이렇게 말씀하신 것일까요? 당시 전쟁에서 패한 것은 곧 자신들이 믿고 있는 신이 싸움에서 패배한 것을 의미했습니다. 따라서 하나님의 백성 이스라엘이 전쟁에서 졌다는 것은 그들이 믿는 하나님이 바벨론 신에게 졌다는 의미였습니다. 하나님은 잃어버린 당신의 명예를 되찾기 위해서라도 속히 자기 백성을 해방시키셔야 할 텐데, 왜 이렇게 말씀하신 것일까요?

마치 오늘날 우리를 향한 하나님의 말씀같이 들려옵니다. 바벨론 같은 세상에 포로 된 듯한 이 시대, 하나님을 대적하고 교회를 향한 비난의 화살이 어느 때보다 거센 오늘날, 하나님이 당장이라도 세상을 정화시키시고 그리스도인들이 마음껏 신앙생활할 수 있도록 영적 환경을 마련해 주시면 얼마나 좋을까요?

그러나 하나님의 말씀은 이 땅에 머물면서 어두운 세상을 한탄하며 세상을 멀리할 것이 아니라, 우리가 서 있는 각자의 자리에서 하나님의 이름으로 세상을 위해 기도하라는 의미입니다. 이땅에서 주어진 시간을 헛되이 보내지 말고 어떤 상황 속에서도 그리스도인답게, 하나님의 선민답게 살아 내라는 말씀입니다.

이러한 하나님의 말씀이 어떻게 미래를 열어 가는 소망이 될수 있을까요? 당시 바벨론은 세계 최강대국이었습니다. 이스라엘 백성은 외부의 도움이 없다면 절대로 노예 생활을 끝낼 수 없는 처지였습니다. 하나님은 그런 그들에게 말씀하십니다.

"지금 눈앞에 보이는 어려운 현실, 막막한 어둠을 내가 잘 안다. 비록 잠시 아픔을 겪고 있지만 결코 이대로 끝나지 않는다. 반드시 내일이 있고 미래가 있다. 절망하지 말고 이곳에서 살아 내라. 자녀들에게도 이 사실을 가르쳐라."

이러한 소망이 없다면 그들 당대가 무너질 것은 물론이요, 그자녀들의 미래 또한 약속할 수 없었을 것입니다.

하나님이 어떤 표정으로 그들에게 이 같은 말씀을 하고 계실지, 가만히 생각해 보기를 바랍니다. 이스라엘 백성을 향해 무섭게 진노하며 엄한 모습을 하신 하나님이 아닙니다. 비록 타락한 백성이지만 하나님이 특별하게 사랑하신 자녀들입니다. 지금 당장이라도 고난의 세월을 끝내고 고국으로 돌려보내 성전을 건축

해 하나님을 예배하게 하는 것은 누구보다 하나님이 더 원하시는 일일 것입니다.

거짓 선지자 하나냐는 이스라엘 백성에게 포로 생활을 2년 이내에 마치고 예루살렘으로 돌아갈 수 있다고 선동했습니다. 하지만 2년은 사람의 시간이었고, 하나님의 시간은 70년이었습니다. 사람들은 당장이라도 돌아가기를 소망했지만 하나님의 계획, 하나님의 디자인은 달랐습니다.

하나님이 우리 대신 소망의 노래를 불러 주신다

그런데 왜 꼭 70년이 필요한 것일까요? 하나님의 백성임에도 범죄하고 우상을 섬긴 그들에게 다시 영적인 정화가 일어나기까지는 70년이라는 시간이 걸리는 것입니다. 하나님을 향한 사랑과 신앙, 소망을 회복하는 데는 일정한 연단의 시간이 필요했습니다.

하나님이 정하신 시간이 있다면 우리는 그 시간을 소중히 여겨야 합니다. 그리고 그 시간 안에서 하나님 앞에 우리가 해야 할 일을 다시 찾아 바로 서야 합니다. 어떠한 상황에서도 고통을 넘어서 소망을 바라보는 사람만이 광야와 같은 세상에서 소망의 오아시스를 노래할 수 있습니다.

우리에게 잘 알려진 책《죽음의 수용소에서》의 저자 빅터 프랭클(Viktor Frankl)은 오스트리아의 정신과 의사입니다. 프랭클과 그의 가족은 제2차 세계대전 당시 포로수용소에 잡혀갔습니다. 수용소에서 맞은 어느 저녁, 프랭클은 딸과 아내가 가스실에서 죽임을 당했다는 소식을 듣게 됩니다.

모든 소망이 사라져 버린 상황에서 그는 한 가지를 떠올립니다. 언젠가 수용소 생활을 끝내고 난 다음, 아내와 딸이 비엔나의 집에서 꽃다발을 들고 자신을 기다릴 것이라는 꿈이었습니다. 도저히 꿈을 꿀 수 없는 상황에서도 그는 머릿속에 그려 낸 소망의 꿈을 통해 절망을 이겨 나갔습니다.

"극심한 고통 속에서도 소망을 갖는 사람은 살아 낼 수 있는 힘을 얻는다"고 프랭클 박사는 말합니다. 삶의 의미를 강조한 그는 이런 심리에 근거해 '로고테라피'(Logotherapy)라는 상담 이론을 정립했습니다. 삶의 의미와 소망을 품은 사람은 어떤 상황에서도 살아갈 수 있는 힘을 얻는다는 것입니다. 소망이 주는 위대한 힘입니다.

하지만 성경이 우리에게 주는 소망은 이 정도가 아닙니다. 아름다운 미래를 그리며 현실의 아픔을 이겨 가는 자기 암시가 아닙니다. 성경이 말하는 소망은 하나님의 약속입니다. 사람의 의지로 만들어 내는 소망은 잠시 위안을 줄 수는 있지만, 하나님이 주시는 소망은 머릿속에서 만들어지는 정신적인 것이 아니라 절대 신뢰할 수 있는 하나님의 언약이기 때문입니다.

가만히 묵상해 보면, 이런 상황에서도 노래를 부르는 분은 바로 하나님 자신이심을 알 수 있습니다. 연약한 우리를 위해서 여전히 소망의 노래를 부르는 분은 하나님이시고, 그 하나님이 부르시는 소망의 노래가 있기에 우리도 하나님이 행하실 일을 기대하며 함께 소망할 수 있습니다.

영등포 경찰서에서 근무하는 이성우 경감을 소개하는 방송을 보았습니다. 30년 이상을 경찰에 몸담은 이 경감은 2016년부터 길에서 생활하는 노숙자들 50여 명을 돌보며 음식을 제공하고 직장을 알선해 주는 등 그들이 자립할 수 있도록 도움을 주고 격려했습니다. 그들의 거처를 마련하기 위해 고시원에 문의했지만 부랑자라는 이유로 번번이 거절당하기 일쑤였고, 이 경감이 보증인으로 함께 생활하겠다는 조건을 걸고 나서야 입실을 허락받기도 했습니다. 이 경감은 그들과 4개월 동안 동고동락했습니다.

심각한 알코올 의존증으로 아무런 소망 없이 살아가는 노숙자들에게 도움을 주기 위해 이 경감이 다가갔을 때 그들은 오히려 배척했습니다. 이 경감이 매를 맞고 욕을 듣는 일은 부지기수였고, 고성을 지르며 자신을 내버려 두고 술이나 가져오라는 등 그의 도움을 극구 거부하는 이들도 많았습니다. 이 경감은 그들에게 이렇게 말했습니다.

"형님, 제가 형님을 해하려고 하는 것이 아니라 섬기려고 하는 것입니다."

이 경감은 그들을 꼭 안고 "사랑합니다"라고 했습니다.

그가 이렇게 할 수 있었던 이유는 무엇일까요? 자신의 삶에 어느 순간 다가오신 예수님, 절망 속에 하늘의 소망으로 다가오신 예수님을 만났기 때문입니다. 그 주님의 사랑으로 절망의 늪지대에 빠진 한 사람 한 사람의 가슴에 소망의 씨앗을 뿌리는 삶을 시작하게 되었습니다. 이 경감은 퇴직 이후에는 목사가 되어 소외된 이웃을 계속해서 돕고 싶다고 말했습니다. 그의 이 같은 노력에 수십 명의 노숙자들이 건강한 사회인이 되었다는 훈훈한 이야기였습니다.

옆집에 누가 살고 있는지도 모르고 있다가 고약한 냄새가 집 주변에 퍼지고 나서야 사람이 죽은 것을 발견했다는 뉴스가 보도되는 각박한 시대를 살고 있는 요즘, 하나님이 이처럼 귀한 사람을 세우신 것에 참으로 감사한 마음이 들었습니다.

하나님이 우리에게 다가오실 때 우리에게도 동일한 반응이 일어납니다. 하나님이 우리의 자유를 제한하고 억압하고 간섭하시는 것처럼 보이지만 하나님은 다르게 말씀하십니다. 너희를 해하려는 것이 아니라 번창하게 해 진정한 평화를 누리게 하려는 것이라고, 너희를 향한 나의 계획을 알고 있으며 잠시 고난을 당한다 해도 그것은 나의 본뜻이 아니고, 반드시 너를 세워 새롭게 하기 위함이라고, 이렇게 약속하시는 분도 하나님이고, 이 약속을 지키실 분도 하나님이라고 말씀하십니다.

걱정 마라, 계획이 있다

그렇다면 하나님 앞에 우리는 어떻게 반응하며 살아가야 할까요? 그 역시 주님이 말씀해 주십니다.

> 너희가 내게 부르짖으며 내게 와서 기도하면 내가 너희들의 기도를 들을 것이요 너희가 온 마음으로 나를 구하면 나를 찾을 것이요 나를 만나리라 렘 29:12-13

하나님은 우리가 기도하면 듣겠다고 하십니다. 온 마음으로 구하고 찾으면 만나겠다고 하십니다. 이 얼마나 감격스런 말씀인가요! 지금 포로 된 사람들에게 가장 고통스러운 생각이 무엇일까요? 혹시 하나님이 범죄한 우리를 버리지 않으셨는지, 선민으로 부름을 받았지만 그 관계가 끝나 버린 것은 아닌지 불안하고 초조했을 것입니다. 그러나 하나님은 "내가 반드시 너를 만나 주리라"고 확신을 주십니다.

현재 고난의 강을 지나고 있는 분들이라면, 어서 이 강물이 말라 버려 아픔이 끝나기를 원할 것입니다. 하지만 우리는 하나님이 정하신 고통의 시간을 견뎌 내야 합니다. 그러는 동안에도 하나님은 우리를 그냥 내버려 두시는 것이 아니라, 구하면 만나 줄 것이고 기도하면 응답하리라고 말씀하십니다. 고난의 강이 너무 길고 깊어 보여도 때로는 강물을 마르게 하여 우리로 건너게 하시고, 때로는 폭풍이 이는 바다로 오셔서 우리 손을 붙들고 바다 위로 걷게 하시는 분이 하나님이십니다.

우리는 절망의 순간에 신음하며 주님 앞에 간절히 기도했던 왕 히스기야를 기억합니다. 죽음 앞에 선 히스기야가 간절히 기도해 하나님이 15년의 삶을 연장시키신 후 그가 한 고백입니다.

보옵소서 내게 큰 고통을 더하신 것은 내게 평안을 주려 하심이라 주께서 내 영혼을 사랑하사 멸망의 구덩이에서 건지셨고 내 모든 죄를 주의 등 뒤에 던지셨나이다 사 38:17

고난의 강을 지나고 난 다음에 돌아보니, 하나님이 이 고통을 더하신 것은 자신에게 평안을 주려 하심이었음을 알게 되었다는 뜻입니다. 육신의 생명뿐만 아니라 영혼까지도 책임지겠다는 하나님의 약속은 놀랍습니다.

아무리 소망을 말한다 해도 아침에 문을 열고 나가면 여전히 맞닥뜨려야 하는 적국의 바벨론 사람들, 그들의 포로로 살아가야만 하는 고된 현실. 그 현실에 부딪히면 또다시 낙심되기 마련입니다. 하나님이 그 마음을 왜 모르시겠습니까? 잘 안다고 다시 한 번 약속하십니다.

이것은 여호와의 말씀이니라 나는 너희들을 만날 것이며 너희를 포

매일 소망

로 된 중에서 다시 돌아오게 하되 내가 쫓아 보내었던 나라들과 모든 곳에서 모아 사로잡혀 떠났던 그곳으로 돌아오게 하리라 이것은 여호와의 말씀이니라 렘 29:14

시각장애인 신순규 집사님이 2015년에 집필한 책이 있습니다. 《눈 감으면 보이는 것들》입니다. 2021년에는 《어둠 속에서 빛나는 것들》이라는 책도 펴냈습니다. 신 집사님은 태어난 지 100일 만에 녹내장을, 일곱 살 때는 망막박리 진단을 받고 스물두 번의 수술을 받았지만, 결국 아홉 살이 되었을 때 두 눈을 실명하게 되었습니다.

대부분 시각장애인이 되면 생계를 위해 안마술을 배우거나 자립해 생활할 수 있는 기술을 배우기 마련이지만 신 집사님의 어머니는 앞이 보이지 않는 아들을 피아노 앞에 앉혔습니다. 그는 앞을 볼 수는 없었지만 온 감각을 귀와 손끝에 집중해 소리를 미세하게 감지하고 손으로 촉감을 느껴 가며 피아노를 배웠습니다. 열네 살이 되었을 때 미국에서 합동 공연을 하게 되었고, 그의 능력을 눈여겨본 교장이 미국 유학을 제안했습니다. 이때 영어 교육을 위해 소개받은 미국 가정을 만나 자연스럽게 그 가족의 일원이 되었습니다.

양부모님의 헌신적인 지원으로 열심히 공부해 하버드 대학을 졸업했고, MIT에서 박사가 된 후, 미국의 가장 유명한 투자은

행 JP모건에 입사해 뉴욕 월가에서 베테랑 애널리스트로 근무했습니다. 그때 그의 나이는 스물일곱 살이었습니다. 현재 그는 글로벌 투자회사 브라운 브라더스 해리먼(BBH)에서 이사로 일하며 많은 사람의 존경을 받고 있습니다.

이처럼 그는 사회적으로 성공했을 뿐만 아니라 자신처럼 아픔을 가진 한국의 보육원 아이들을 돕기 위한 자선단체 '야나'(YANA-You Are Not Alone) 선교회를 설립해 존중, 나눔 등을 실천하며 삶의 의미를 추구하고 있습니다. 한 인터뷰에서 그가 이런 말을 했습니다.

"하나님께 왜 나를 앞을 못 보게 하셨느냐고 따져 물었습니다. 그러나 하나님을 만나고 나니 새로운 소망이 생겨났습니다. 세상을 보는 눈은 감겼지만, 낙심과 절망으로 꿇렸던 무릎이 기도의 무릎으로 바뀌었고, 그때야 비로소 소망의 꽃이 피어나기 시작했습니다."

절망의 순간에 소망의 노래를 부르는 것, 그것은 무조건 다 잘 될 것이라는 낙관주의가 아닙니다. '이래도 저래도 내 인생은 관계없다'는 운명주의도 아닙니다. 하나님이 약속하신 소망을 붙들고 살아가는 사람, 하나님을 사랑하는 사람만이 가질 수 있는 유일한 믿음의 고백입니다. 그는 하나님이 누구신지 아는 사람입니다. 어떤 상황에서도 우리에게 최선의 것을 주기 원하시는 하나님의 마음을 진정 아는 사람입니다. 때로는 자식에게 회초리를 대지만 자신이 더 아파 눈물 흘리는 아버지가 우리 하나님 아버지시라는 것을 믿는 사람입니다.

"걱정하지 마라. 나에게 다 생각이 있다. 언젠가 포로 생활을 끝내고 반드시 고국으로 돌아오게 하리라. 잃어버린 신앙을 회복하고 무너진 성전을 다시 세울 날이 올 것이다. 그리고 너희 자손이 하나님을 경배할 날이 돌아올 것이다."

이토록 안타까운 음성으로 말씀하시는 분이 우리 곁에 계시는 하나님입니다.

오늘날 우리는 소망을 잃은 어려운 현실을 마주하고 있습니다. 바벨론 시대같이 영적으로 혼탁합니다. 2023년 3월 31일, 예수님의 부활을 기뻐하고 찬양하는 감격적이고 영광스러운 부활절 날, 미국 조 바이든(Joe Biden) 대통령은 이날을 '국제 트랜스젠더 가시화의 날'(International Transgender Day of Visibility)로 선포해 기독교계에 충격을 안겨 주었습니다. 이는 육신의 포로가 아니라 영적으로 세상의 포로가 되어 가는 상황을 보여 줍니다. 이런 상황에 하나님이 말씀하십니다.

"눈을 들어 나를 보라. 마침내 너에게 소망을 줄 것이다. 너의 미래를 축복할 것이다."

다 함께 소망의 노래를 부르자

하나님이 주시는 최고의 약속이 무엇일까요? 우리 자녀들과 손주들에게 찬란한 미래를 열어 주겠다는 약속 아니겠습니까?

제가 섬기는 교회에서는 고난주간에 특별새벽기도회를 열고, 성금요일에는 "패션 12"(Passion 12)라는 이름으로 저녁부터 아침까지 12시간 동안 밤을 지새우는 기도회를 합니다. 중고등부 아이들이 하나님 앞에 온밤을 새워 기도하겠다며 침낭까지 들고 와서는 기어코 졸음을 이겨 가며 기도하고, 이해하기 어려운 한국말을 열심히 받아 적어 가며 예배에 몰입합니다. 그 모습을 보면 참으로 감동적입니다. 대부분 영어권 아이들로 십 대 초중반입니다.

부모님 혹은 선생님, 담당 목사님이 기도회에 참석하라고 부탁했냐고 묻자 그들은 단연코 그런 일은 없다고 고개를 내젓습니다. 그들 스스로 하나님 앞에 기도하기 위해 결단한 것이라며 해맑게 웃습니다. 그 아이들이야말로 하나님이 우리에게 주신 가장 소중한 미래 소망 아니겠습니까?

저희 교회 한 목회자의 자녀는 대학 입학을 위해 에세이를 쓰게 되었는데, 제목을 "나는 예수님께 삶을 드린 그리스도인"이라고 밝히고 작성했습니다. 그 모습을 본 부모는 마음 한편에 작은 걱정이 있었답니다. 다인종, 다문화로 이루어진 미국에서 기독교 색채를 여실히 드러낸 내용의 에세이는 아이에게 불이익이 될 수도 있을 것이라는 걱정 섞인 염려였습니다. 그럼에도 아이는 괜

찮다면서 오히려 부모를 안심시켰고, 그런 아이를 보면서 자랑스러운 하나님의 자녀로 자라게 하신 하나님의 은혜에 참으로 감사하다는 부모의 고백을 들었습니다.

하나님이 우리에게 주신 자녀들이 정말 우리의 미래 소망입니다. 그들을 바라보는 것보다 더 힘이 나는 일이 있을까요? 하나님이 우리의 자녀들을 축복하셔서 그들의 미래가 하나님의 손에 있다는 것을 확인하는 것보다 더 깊은 평안과 소망이 어디에 있겠습니까?

절망스러운 상황 가운데서도 소망의 노래를 주시고 친히 그 노래를 부르고 계신 하나님은 오늘날 우리에게 이 소망의 노래를 함께 부르자고 하십니다. 오늘의 상황이 어떠하다 할지라도 내일의 계획을 갖고 계시는 하나님, 광야 길을 걷는다 해도 오아시스를 준비해 두신 하나님, 절망이라는 절벽 앞에서 그 크신 팔로 우리를 붙들고 계시는 하나님, 우리 앞에 홍해가 놓이면 하늘의 바람으로 길을 내시는 하나님, 때로 사방이 거대한 대양으로 뒤덮일 때는 바다 위로 걷게 하시는 하나님, 그분이 우리의 하나님이시라고 말씀하십니다.

그럼에도 불구하고 우리의 삶에는 소망을 갖기가 참 어려울 때가 있습니다. 바로 그때가 중요합니다. 용광로 속과 같은 뜨거운 고난이 다가올 때, 우리가 해야 할 일은 바로 주님을 향해 흔들림 없이 기도하는 것입니다.

"주님, 저는 이 고난을 견뎌 낸 후 주님 앞에 정금같이 나오기를 원합니다."

시련이 다가온다면 피할 일도 아니고 고난에 대해 고민할 것도 없습니다. 그때야말로 주님을 깊이 묵상하면서 주님 앞에 나아가야 합니다. 고난을 묵상할 것이 아니라 영원한 소망 되시는 하나님을 바라보아야 할 때입니다.

마침내 하나님은 소망의 노래가 현실이 되게 하셨습니다. 이스라엘 백성을 잃었던 땅으로 돌아오게 하셨습니다. 자신의 노력이나 능력이 아니라 하나님의 약속대로 하나님의 때에 자유를 회복시키셨습니다.

그러나 포로 생활을 끝내고 잃었던 자신의 땅으로 돌아왔다고 진정한 소망이 성취된 것은 아니었습니다. 하나님의 백성에게는 여전히 불러야 할 소망의 노래가 있었고, 앞에 놓여 있던 현실은 어둡기만 했습니다. 마침내 하나님은 온 세상이 영적인 어둠에 덮여 있을 때 당신의 아들 예수 그리스도를 세상에 보내셨습니다.

이 예수 그리스도를 마음에 모신 사람은 어떤 상황에서도 하늘을 향한 소망의 노래를 부를 수 있습니다. 환경이 좋아져서가 아닙니다. 예수 그리스도 그분이 우리의 유일한 소망이기 때문입니다.

예수 그리스도는

우리의 유일한 소망입니다.

예수 그리스도를 마음에 모신 사람은

어떤 상황에서도

소망의 노래를 부를 수 있습니다.

하나님을 바라보지 못하면 우리는

낙심의 머리를 숙이게 되지만,

하나님을 바라보면 우리는

기도의 머리를 숙이게 됩니다.

3

'하지만' 신앙으로 일어서라

중국에서 선교를 하던 시절, 한 선교사님의 부탁으로 선교사님 사모님을 모시고 가야 하는 일이 있었습니다. 사모님은 육적으로 지쳐 있는 상태였는데, 정신적으로도 견디기 어려운 상황이 되어 심신 치료를 위해 한국행을 선택한 것입니다. 선교사나 목회자가 정신적인 문제로 병원을 찾는다는 것은 누구에게도 말하기 어려운 일입니다.

누구나 언제든 영적 침체를 경험할 수 있다

아무리 신앙이 견고한 사람이라도 영적 침체를 겪을 수 있습니다. 성경 인물들도 예외는 아니었습니다. 하늘에서 불을 내린 하나님의 사자 엘리야도 이세벨이 그를 잡으려고 추격했을 때 도망 다니다 로뎀나무 아래에 앉아 낙심에 빠져 기도를 드렸습니다.

"하나님, 넉넉하오니 지금 내 생명을 거두소서."

아무도 예수님이 메시아이신 줄 몰랐을 때 예수 그리스도를 역사의 무대에 올려놓았던 세례 요한도 감옥에 갇혔을 때 영적 침체에 빠져 예수님을 의심했습니다. 믿음의 조상이라 불리는 아브라함도 진정한 믿음의 사람으로 세워지기까지 많은 영적 침체의 시기를 거쳤습니다.

대단한 믿음의 소유자도 피해 가지 못한 것이 영적 침체입니다. 하물며 연약한 우리 중에 영적 침체를 겪지 않은 사람이 누가 있을까요? 오늘날 우리 주위에도 앞이 보이지 않는 암담한 현실을 염려하며 영적 침체의 길 위에 서 있는 사람이 많이 있을 것입니다. 영적 침체의 원인은 무엇이며, 어떻게 해결하는 것이 진정 하나님이 원하시는 방법일까요?

마틴 로이드 존스(Martyn Lloyd-Jones) 목사는 시편 42편을 설교하면서, 이 시편 기자가 현재 처한 상황이 영적 침체라고 진단합니다. 그는 그리스도인이 겪는 영적 침체를 다음과 같이 설명합니다. 예수를 믿는다고 고백하지만 침울해 보이는 그리스도인,

내면은 불안하나 참된 그리스도인의 모습을 보여 주기 위해 억지로 미소 짓는 그리스도인. 이런 사람들은 영적 침체의 시기를 지나고 있다는 것입니다.

그러면서 그는 영적 침체의 원인은 다양하지만 그리스도인에게 모든 영적 침체의 근원은 하나라고 말합니다. 하나님을 온전히 의지하지 않거나, 하나님을 근본적으로 불신할 때 영적 침체가 시작된다고 진단합니다. 하나님의 주권을 인정하지 못할 때, 하나님이 나와 함께하신다는 하나님의 임재를 느끼지 못할 때, 역경 앞에서 하나님께 맡기지 않고 자신의 힘으로 해결하려다가 지치고 소망을 잃을 때 영적 침체가 일어납니다.

로이드 존스 목사가 시편 기자를 두고 영적 침체로 진단한 이유는 무엇일까요? 시편 42편에 기록된 고백을 보면 반복해서 나오는 절망스러운 탄식이 있습니다.

내 영혼아 네가 어찌하여 낙심하며 어찌하여 내 속에서 불안해하는가
시 42:5

"낙심"이란 마음이 무너지는 것입니다. 마음이 무너지면 모든 게 다 무너집니다. "불안"이란 중심을 잃고 마음에 평안이 사라지는 상태입니다. 평안을 누리지 못해 중심이 흔들리는 상황입니다. 이런 사람의 마음은 무엇을 해도 낙심과 불안으로 가득합니다.

이처럼 흔들리는 감정으로 살아가는 사람이 어디 시편 기자뿐이겠습니까. 오늘날 수많은 사람이 한탄하듯 넋두리를 쏟아 놓습니다.

"아무리 보아도 세상은 너무나 불안하고 소망이 없다. 세상의 빛으로 부름 받은 교회를 보아도 미래는 여전히 어두울 뿐이다."

거울 앞에 비친 자신의 모습을 보면서도 소망을 찾아볼 수 없을 때가 있습니다.

신앙의 근본 문제는 예배의 상실에 있다

사람들이 이토록 영적 침체에 빠지는 이유는 무엇일까요? 먼저, 시편 기자는 어떤 상황에서 이토록 낙심하게 되었을까요?

하나님이여 사슴이 시냇물을 찾기에 갈급함같이 내 영혼이 주를 찾기에 갈급하니이다 시 42:1

한 편의 아름다운 시처럼 들리지만 이 상황의 진면목을 들여다보면 참으로 안타까운 마음이 느껴집니다. 팔레스타인 지방에서는 가을이 되면 사슴들이 짝짓기를 시작합니다. 수사슴이 애타게 암사슴을 향해 뛰어다니다가 목마름에 지쳐 목이 타는 듯한 고통을 느끼며 물을 찾아 헤맵니다. 하지만 사막에서는 아무 곳에서나 물을 찾을 수 없습니다. 심한 갈증으로 정신이 혼미해진 사슴은 땅에 물이 고여 있는 것 같은 허상을 보게 되고, 메마른 땅을 온 힘을 다해 핥다가 결국 거품을 물고 쓰러져 죽기도 합니다. 이런 사슴들에게 단 한 모금의 물은 바로 생명입니다.

죽음을 생명으로 바꾸어 줄 한 모금의 물을 향해 달려가는 사슴의 갈급한 심정을 상상해 보십시오. 시인은 이처럼 절박한 심정으로 하나님을 부르고 있습니다.

"주님이 아니면 제 영혼은 죽음의 낭떠러지로 떨어질 것입니다. 물 한 방울 없는 사막에서 죽음을 맞이할 것입니다."

시인은 왜 이토록 절규하면서 하나님을 갈망하고 있을까요?

내 영혼이 하나님 곧 살아 계시는 하나님을 갈망하나니 내가 어느 때에 나아가서 하나님의 얼굴을 뵈올까 시 42:2

내 영혼이 전심으로 하나님을 갈망하지만 하나님 앞에 나아갈 수 없는 상황, 사모하는 주님을 언제 뵐 수 있을지 기약도 없는 현실이 시인을 고통스럽게 하는 이유입니다.

프랑스 종교개혁자 존 칼빈(John Calvin)은 이 시편의 주인공이 다윗이라고 말합니다. 자신의 처참한 상황 속에서 갈급한 심정으로 하나님을 찾은 하나님의 사람 다윗. 성경 인물들을 떠올려 보면 이 말씀에 가장 적합한 사람이 다윗임에 틀림없다는 생각이 듭니다.

한 나라의 왕이었던 다윗에게 가장 낙심되는 일이 무엇이었을까요? 현재 다윗은 쫓겨 도망 다니고 있는 중입니다. 한 시대 많은 사람의 존경과 박수를 받았지만 도망자 신세가 된 다윗이 이토록 하나님을 갈망한 이유는 무엇일까요? 하루빨리 왕의 자리로 복귀하고 싶었기 때문에, 왕궁에서 보냈던 화려한 지난날을 그리워했기 때문이었을까요? 그렇지 않습니다. 하나님 앞에 마음껏 나아가지 못하는 것, 하나님 앞에 마음껏 예배 드리지 못하는 것이 다윗에게는 가장 큰 고통이었습니다.

이런 다윗의 처절한 마음을 보여 주는 비가(悲歌)는 계속됩니다.

내가 전에 성일을 지키는 무리와 동행하여 기쁨과 감사의 소리를 내며 그들을 하나님의 집으로 인도하였더니 이제 이 일을 기억하고 내 마음이 상하는도다 시 42:4

다윗은 이전 성일에 하나님의 백성과 함께 주님을 경배했던 아름다운 날들을 떠올렸습니다. 자신이 앞장서서 그들을 하나님의 집으로 인도했는데 이제는 도망자 신세가 되어 홀로 떨어져 그 일을 생각하니 너무나 마음이 아파 고통의 노래를 부르고 있는 것입니다. 이렇게 묻는 사람도 있을 것입니다.

"성전에 올라가 예배하는 것이 그렇게도 중요하다는 말입니까? 하나님께 예배하는 일은 혼자서도 얼마든지 가능하지 않습니까? 예배의 형식보다 중심을 보시는 분이 하나님 아니십니까?"

요즘처럼 온라인 예배가 보편화된 사회에서 이런 질문은 그렇게 심각하게 여겨지지도 않을 것입니다. 다윗에게 묻는다면 그는 무엇이라고 대답할까요?

내가 여호와께 바라는 한 가지 일 그것을 구하리니 곧 내가 내 평생에 여호와의 집에 살면서 여호와의 아름다움을 바라보며 그의 성전에서 사모하는 그것이라 시 27:4

하나님이 왕에게 한 가지 소원을 구하라고 하신다면, 왕은 어떤 소원을 구할까요? 백성이 안전하게 생활하도록 적의 위협으로부터 지켜 주시고, 백성에게 사랑과 존경을 받는 왕이 될 수 있게 도와 달라는 내용이 아니었을까요? 그런데 다윗은 다른 것을 구했습니다. 하나님의 집에 거하며 하나님의 아름다움을 묵상하고 주님을 찬송하는 것, 주님의 백성과 함께 기도하고 예배하는 것, 다윗이 가장 애태우며 소망하는 것은 백성과 함께 사모하는 하나님 앞에 나아가는 예배였습니다.

미국에서는 부활절이 되면 평소 교회에 나오지 못하는 성도들이 많이 출석하곤 합니다. 평소 건강상의 이유로 교회에 나오지 못하는 어르신들도 많이 오시고, 다양한 이유로 온라인 예배를 드리던 분들이 주님의 성전에 나와 지체들과 함께 예배드리기도 합니다. 예배를 마치고 나면 많은 분들이 와서 손을 잡고 인사를 건넵니다. 교회에서 지체들과 함께 예배하는 것이 너무나 감격스럽다며, 어쩌면 생의 마지막 예배가 될 수도 있겠다고 말하면서 눈물을 흘리는 성도님도 있습니다.

하나님의 백성이 함께 예배하는 것, 함께 찬양하고, 함께 기도하고, 함께 주님 앞에 나아가는 것은 당연한 게 아닙니다. 하나님이 주신 특별한 선물입니다. 어떤 사람에게는 '이번 주에 한 번 더 예배하는 것'이 남아 있는 생의 간절한 소망이기도 합니다.

앞 장에서 언급했듯이, 제가 섬기는 교회에서는 고난주간에 특별새벽기도회를 열고 금요일 저녁부터 토요일 아침까지 12시간 동안 밤을 지새워 기도하는 시간을 갖습니다. 한 권사님은 항암치료 중에도 밤을 새우며 기도의 자리를 지켰습니다. 힘들지 않으시냐는 질문에 대한 권사님의 고백은 놀라웠습니다.

"왜 힘들지 않겠어요. 그래도 하나님이 주시는 기쁨이 너무나 흘러넘쳐 감사가 모든 아픔을 이겨 내게 만들어요."

암 투병을 하고 있지만 단 한 번도 "하나님, 왜?"라고 질문하지 않은 분입니다. 예배를 마치고 나올 때마다 넘치는 기쁨으로 환한 미소를 짓는 권사님을 보면 하늘에 소망을 둔 진정한 신자가 어떻게 살아야 하는지가 보입니다.

권사님은 불교를 믿는 가정에서 태어나 어린 시절 부모님을 따라 자주 절에 드나들며 스님들의 사랑을 듬뿍 받고 자랐다고 합니다. 그런 분에게 어느 날 하나님이 찾아오셔서 구원자요 주님이 되어 주셨습니다.

"하나님을 만나고 나니까 살아가는 모든 삶, 인생에 펼쳐지는 모든 일에 진정한 자유를 갖게 되었어요. 예배드리는 것이 얼마나 영광스럽고 대단한 특권인지, 모든 성도님이 그 감격으로 예배의 자리에 나오면 좋겠어요."

가슴에서 진정으로 흘러나오는 권사님의 고백이었습니다. 하나님을 진정 만난 사람, 매 순간 마지막처럼 예배하는 그리스도인의 위대한 고백입니다.

우리가 땅 위에서 예배하는 것은 언젠가 천국에서 예배하게 될 그날의 모습을 보여 주는 그림자입니다. 언젠가 주님 앞에 나아가게 되면, 그때는 우리의 머리가 되시는 예수 그리스도, 그리고 주님의 몸 된 지체인 우리 모두가 영광스러운 모습으로 변화되어 하나님을 예배하게 될 것입니다. 그 영광스러운 천국의 예배를 미리 맛보는 것이 우리의 공동체 예배입니다.

오늘날 우리 신앙의 가장 근본적인 문제는 무엇일까요? 예배의 영광을 상실한 것 아닐까요? 우리 안에 목마른 사슴처럼 가슴이 타들어 가는 심정으로 예배를 갈급해하는 마음이 있습니까? 예배의 자리로 나올 때마다, '오늘 제가 주님을 반드시 만나야만 합니다'라는 갈망이 있습니까? 주님을 만나지 않으면, 하늘에서 내리는 그 한 모금의 생수가 없으면 타 죽을 것 같은 심정으로 주님 앞에서 예배하고 있습니까? 신앙의 여정에서 가장 가슴 아픈 일이 있다면 영광스러운 예배의 특권을 선택으로 만들어 버린 데 있습니다.

우리에게 갈급한 목마름이 있다면 한 방울의 샘물일지라도 생명을 얻는 마음으로, 감격스러운 감사로 그 물을 마시게 될 것입니다. 하나님을 향한 진정한 갈급함이 있다면 예배 시간마다 우리에게 다가오는 하나님의 말씀, 그 영광스럽고 찬란한 주님의 영적 임재 앞에서 경탄하게 될 것입니다. 그러나 이런 갈급함이 없다면 하늘의 은혜가 빗줄기같이 쏟아진다 해도 그 감격을 누리지 못한 채 그냥 영혼 없이 앉아 있다가 일어나게 될 것입니다.

너의 하나님은 어디에 있느냐

시편 기자는 하나님의 백성으로 함께 예배하지 못하는 상황에다 영적 침체까지 겪으면서 너무나 아파하고 있습니다. 그런 시인의 마음을 더 아프게 한 사건이 있었습니다.

사람들이 종일 내게 하는 말이 네 하나님이 어디 있느뇨 하오니 내 눈물이 주야로 내 음식이 되었도다 시 42:3

하나님이 너무나 사랑하셨으며, 한때 하나님과 너무나 친밀하게 지냈던 다윗이 이제 쫓기는 신세가 되었습니다. 사람들이 그런 다윗에게 조롱을 쏟아 붓습니다.

다윗도 시험에 들 만했습니다. 다윗을 향한 하나님의 사랑은 특별했습니다. 여덟 형제 중 막내로 태어나 어린 시절 아침이면 양 떼를 몰고 들판을 향해 나아갈 때 다윗의 가슴은 하나님과 교제할 생각에 부풀어 올랐습니다. 아무도 없는 들판에서 양들을 풀어놓고 하늘을 바라보며 찬양을 올리면 그 적막하고 고요한 하늘에서 하나님이 깊이 다가와 위로하듯 다윗의 마음을 어루만지셨습니다.

"여호와는 나의 목자시니 내게 부족함이 없도다"라고 노래한 사람, 하나님이 언제나 푸른 풀밭과 쉴 만한 물가로 인도해 주시는 사람, 때로 양을 물고 가는 사자를 만나면 하나님의 이름으로 용맹스럽게 뛰어가 사자의 입을 벌려 양을 구해 낸 사람, 그가 다윗이었습니다. 하나님의 백성이 골리앗 앞에서 벌벌 떨고 있을 때, 다윗이 한 말을 기억합니까?

"저놈이 누구이기에 이스라엘의 살아 계신 하나님을 모욕하는가!"

골리앗을 향해 다윗이 던진 것은 물매 돌 하나였지만 하나님은 그 물매 돌 하나로 적장의 머리를 박살 내셨습니다(삼상 17:49). 이런 다윗을 보며 하나님은 너무나 자랑스러워하셨습니다. 그랬던 다윗이 지금은 산으로, 들로 도망 다니는 신세가 되어 버렸습니다. 사람들이 그에게 던지는 말입니다.

"네 하나님은 어디에 있는가? 너를 사랑하는 하나님이라면, 너를 정말 구원해 줄 수 있는 능력의 하나님이라면 어떻게 너를 이렇게 내버려 둘 수가 있단 말인가?"

그들의 조롱과 멸시를 들으며 다윗은 잠잠히 노래를 부릅니다.

"주님, 주야로 흐르는 눈물이 내 음식이 되었나이다."

깊고 깊은 영적 침체의 수렁에 빠져 부르는 절망의 노래, 다윗의 그 무거운 마음이 우리의 가슴에도 파고듭니다. 우리도 이런 상황을 만날 때가 있기 때문입니다. 주님을 사모하지만 인생이 뜻대로 펼쳐지지 않을 때, 기도한다 해도 내 생각처럼 삶이 흘러가지 않을 때 "주님, 어디에 계십니까?" 질문하게 됩니다. 다윗 같은 하나님의 사람이 이 정도라면 우리 가운데 영적 침체를 경험해 보지 않은 사람이 그 누가 있겠습니까?

그리스도인이라고 해서 고난이 없는 무풍지대에서 사는 것은 아닙니다. 때로는 하나님을 모르는 사람들, 예수님을 대적하는 사람들이 부귀영화를 누리며 잘살기도 합니다. 그런 세상을 보면 말씀을 따라 자기를 부인하며 살아가는 자신이 왠지 손해를 보고 있다는 억울함마저 듭니다. 하나님께 그토록 사랑을 받은 다윗이라고 예외이겠습니까.

"하나님, 당신은 대체 어디에 계십니까?"

이런 영적 침체 속에서 하나님의 이름을 부르고 있는 다윗의 심정이 마치 우리 내면에서도 똑같이 흘러나오는 고통의 소리를 투영하는 거울처럼 다가옵니다.

곁에서 지키시는 하나님께 소망을 두라

그렇다면 영적 침체에서 벗어나기 위해서는 어떻게 해야 할까요? 아픔과 절망의 눈물로 노래하던 다윗은 갑자기 하늘을 향해 두 손을 뻗더니 감격스럽게 외칩니다.

내 영혼아 네가 어찌하여 낙심하며 어찌하여 내 속에서 불안해하는가 너는 하나님께 소망을 두라 그가 나타나 도우심으로 말미암아 내가 여전히 찬송하리로다 시 42:5

낙심과 불안으로 고통을 겪던 다윗이 깨달은 것이 있었습니다. 눈을 들어 자신의 현실을 바라보니 사방이 캄캄하고 어둠 속 낭떠러지에 서 있는 것만 같습니다. 그러나 영의 눈을 들어 다시 보니 하나님이 그와 함께 계시다는 사실을 알게 되었습니다. 현실의 문제에 사로잡혀 자신이 하나님을 보지 못하고 있었다는 사실을 깨달은 것입니다. 그동안 고난을 묵상했지 하나님을 묵상하지 않았다는 것을 알아차렸습니다. 그때 터져 나온 다윗의 고백입니다.

"내 영혼아, 네가 어찌하여 낙심하는가? 어찌하여 불안해하는 가? 너는 하나님께 소망을 두라. 세상이 사라진다 해도 여전히 내 손을 붙들고 계시는 하나님, 홍해가 가로막을 때 바람을 일으켜 바다를 가르시는 하나님, 풍랑이 몰아칠 때 바다 위로 걷게 하시 는 하나님을 바라보라."

하나님의 임재하심이 소망이요, 하나님이 자신의 소망이심을 깨달았을 때 나오는 승리의 함성입니다. 어디 다윗뿐이겠습니까. 오늘날 어두운 상황을 맞이하는 우리 모두가 공통으로 느끼는 감 정일 것입니다. 고난이 찾아왔을 때, 절망스러운 순간을 마주했 을 때 우리는 "주님, 속히 이 아픔의 바람이 지나가기를 바랍니다. 이 거센 풍랑이 나와 우리 교회와 가정에서 빨리 물러가 주기를 바랍니다"라고 기도합니다. 홍해를 만났을 때 하나님이 행하셨듯 이 한순간에 해결해 주시기를 얼마나 바라겠습니까.

우리 앞에 펼쳐지는 한없는 고통과 외로움이 불면의 밤을 지 새우게 하고, 눈물이 마르지 않는 고난에 처하게 할 때, 바로 그때 가 중요합니다. 곁에 아무도 없고 신음 섞인 절망의 노래밖에 나 오지 않는 그때 우리는 얍복강 앞에 서 있는 야곱을 떠올려야 합 니다. 처참한 순간에 야곱을 만나 주셨던 하나님을 생각해야 합 니다. 바로 그 순간이 하나님께 엎드릴 때이고, 하나님을 만날 때 입니다.

우리에게 외줄기밖에 없는 시련이 닥쳤을 때 하나님은 그 외줄기를 타고 우리를 찾아오십니다. 때로는 거센 폭풍 가운데 세미한 음성으로 찾아오셔서 우리 귀에 속삭이십니다. 하나님은 평탄할 때든 고난의 여정에서든 언제나 곁에서 잠잠히 우리를 지켜주십니다. 우리 자신이 지탱할 만한 아무런 힘도 남아 있지 않을 때 주님이 말씀하십니다.

"내가 너의 손을 붙들고 있다. 내가 너와 함께하고 있다. 언제 어디서든지, 네가 나를 느끼지 못한다 하더라도 나는 여전히 너와 함께하고 있단다."

다윗은 고난 중에 하나님이 이러한 분이심을 깨달았습니다. 그때 터져 나오는 위대한 고백입니다.

"왕의 자리에 있을 때뿐 아니라 광야에서 도망자 신세가 된다 할지라도 여전히 나의 하나님, 그 하나님께 소망을 두라."

다윗이 우리에게 외치고 싶은 말도 바로 그것입니다.

"어떤 상황에서도 하나님을 바라보세요. 여전히 우리 곁에서 우리를 지키시는 하나님께 소망을 두세요."

얼마 전 중국에 있는 한 제자가 부탁할 것이 있다며 연락을 했습니다. 기독교 핍박이 심각한 중국은 사람들이 집단으로 모이기가 점점 어려워지는 실정입니다. 상황이 이렇다 보니 20-30명씩 흩어져 집집마다 따로 모여 예배를 드려야 하는데, 문제는 목사 한두 명이 가가호호 방문해 모든 예배를 인도하기가 어려우니 소그룹으로 성경을 가르칠 수 있는 리더 교육을 해 달라는 요청이었습니다.

이런 상황에 신앙생활을 하는 것이 힘들지 않은지, 교회를 유지하기가 어렵지 않은지 물었습니다. 돌아온 그의 대답은 제 가슴에 깊은 울림을 주었습니다.

"우리는 이 시기를 하나님이 우리를 연단하시는 시간이라고 생각합니다. 불로 연단되고 나면 우리는 더욱더 단단한 정금으로 나오게 될 것입니다. 체질을 통해서 쭉정이 같은 사람은 날아가고, 하나님의 사람만이 견고하게 서게 될 것입니다."

그러고는 또 한마디 덧붙였습니다.

"중국 정부가 교회 건물을 무너뜨릴 수는 있지만, 우리 가슴에 있는 신앙을 빼앗아 갈 수는 없습니다. 우리 안에는 하나님을 향한 소망이 있습니다."

하나님께 소망을 두는 이유가 무엇일까요? 모든 것이 잘되리라는 낙관 때문이 아닙니다. 하나님을 바라보는 것 자체가 우리의 힘이요 소망이기 때문입니다. 더 중요한 이유는 어떤 상황에서도 여전히 우리와 함께하시는 하나님, 어떤 처참한 상황일지라도 우리보다 우리를 더 잘 아시는 하나님이 우리의 시선을 붙들고 계시기 때문입니다.

이 사실을 깨달은 다윗의 위대한 고백입니다.

"나는 여전히 내 하나님을 찬송하리라. 낙심과 절망, 침체의 늪에서 일어나 영적인 날개를 펼치고 하나님의 이름을 높이리라."

문제를 바라보던 눈을 들어 하나님을 바라보는 순간, 소망의 노래가 터져 나올 것입니다.

우리가 기억해야 할 중요한 단어가 하나 있습니다. "내 영혼아, 네가 어찌하여 낙심하는가?"라는 고백에서 "낙심"이라는 단어입니다. 이 단어의 원어인 히브리어의 본래 의미는 '머리를 숙이고 하나님께 기도한다'는 뜻을 가지고 있습니다. 또 다른 의미로 마음이 우울하고 슬픈 상태로서 '낙심이 되어서 머리를 숙인다'는 의미도 가지고 있습니다.

기도하기 위해 머리를 숙이는 것과 낙심하여 머리를 숙이는 것은 똑같이 머리를 숙이는 행위이지만 정반대 의미를 지니고 있습니다. 하나님을 바라보지 못하면 우리는 낙심의 머리를 숙이게 됩니다. 하지만 하나님을 바라보게 되면 우리는 기도의 머리를 숙이게 됩니다. 낙심으로 고개를 숙이면 절망이 우리를 지배하게 되지만, 기도의 머리를 숙이면 하늘의 소망 날개가 우리 어깨 위에 펼쳐집니다. 영적 침체와 아픔을 극복할 수 있는 위대한 힘은 바로 하나님을 바라보고 하나님께 소망을 두는 데서 시작됩니다.

다윗은 가장 절망적인 순간에 눈을 열어 하나님을 바라보았습니다. 그를 둘러싼 상황에 변화가 일어난 것은 아니었습니다. 그러나 절망으로 숙여졌던 머리가 하나님에 대한 소망으로 숙여졌을 때 새로운 세계가 펼쳐졌습니다.

'하지만' 신앙이 있는 한 소망의 노래는 계속된다

시편 기자의 신앙을 저는 '하지만' 신앙이라고 부르고 싶습니다. "상황이 전혀 새롭게 펼쳐지지 않았습니다. '하지만' 나는 하나님을 노래하겠습니다. 건강이 여의치 않습니다. '하지만' 나는 하나님께 내 마음을 드리겠습니다. 내 능력이 따라 주지 못하고 있습니다. '하지만' 나는 주님 앞에 내 마음을 드리겠습니다. 세상이 아무리 어두워지고 위태롭고 악해진다 하더라도 '하지만' 나는 하나님을 향한 믿음으로 세상을 품고, 세상을 축복하고, 세상을 향해 하나님의 복음을 들고 나아가겠습니다."

'하지만' 신앙, 왜 이런 고백을 할 수 있을까요? 내가 연약하고 부족해서 넘어진다 해도, '하지만' 하나님이 나와 함께하시며 그 자비한 사랑의 손길로 나를 일으키시기 때문입니다. 나는 쓰러지고 넘어져 지쳐 일어날 힘이 없습니다. '하지만' 성령 하나님이 여전히 찾아오셔서 내 오른손을 붙들고 계시기 때문에 일어설 수 있습니다. 언젠가 우리는 이 땅에서 육신의 날개를 접는 순간 허물과 죄악으로 아파하겠지만, '하지만' 신앙으로 주님의 긍휼을 구하는 마지막 신앙고백을 하게 될 것입니다.

내 육신은 쇠하고 바람처럼 사라질 것입니다. 하지만 영원한 생명을 약속하신 하나님이 내 육신의 장막을 벗는 순간 영원한 천국으로 나를 인도해 주님과 함께 거하게 하실 것입니다. '하지만' 신앙이 있는 한 우리는 다시금 소망의 노래를 부르게 될 것입니다. 소망의 노래를 부르기 원하는 것은 우리이지만, 더욱 간절히 원하시는 분은 하나님이기 때문입니다.

지금까지 살아온 우리 인생을 돌아보십시오. 모든 순간 하나님이 지극한 사랑의 손길로 우리를 인도해 오시지 않았습니까? 우리가 주님을 알게 하시고, 때로 넘어져 있던 우리를 그 크신 사랑으로 다시 일으켜 세워 주시고, 범죄하고 아파할 때 다시 찾아오셔서 우리의 눈물을 닦으시고, 죄를 용서하시고, 은혜를 주신 분이 하나님 아니십니까?

우리 가운데 영적 침체의 아픔을 가지고 사망의 음침한 골짜기를 지나는 사람들이 왜 없겠습니까? 아무리 발버둥 쳐도 헤어나올 수 없는 아픔의 늪에 빠진 사람들도 있을 것입니다. 하나님을 사랑하고 갈망하지만 "하나님, 대체 어디에 계십니까!" 하고 외치며 절규하는 사람들도 있을 것입니다. 그때가 중요합니다. 현실을 바라보는 눈을 거두고 영의 눈을 열어 하나님을 바라보기 바랍니다. 낙심으로 머리를 숙이는 것이 아니라 하나님을 향한 기도의 머리를 숙여 보시기 바랍니다. 그때가 되어서야 비로소 절망의 노래가 끝나고 소망의 노래가 시작될 것입니다. 우리의 산 소망이신 주님이 찬란한 날개를 펴고 영광스런 빛으로 날갯짓하며 우리에게 다가오실 것입니다.

시인의 고백이 맞습니다. 하나님은 우리의 아픔을 모르시는 분이 아닙니다. 우리의 목마름을 해결하기 위해 광야 한복판에도 시냇물을 예비하신 하나님입니다. 마침내 그분은 우리에게 한 모금의 물이 아니라 영원히 목마르지 않는 진정한 생수가 되신 예수 그리스도를 보내셨습니다. 예수님이 말씀하십니다.

"누구든지 목마른 사람이 있거든 내게로 와서 이 생수를 마시라. 내 속에서 끊임없이 터져 나오는 생명수를 마시라. 하늘의 소망을 원하는 자 누구든지 나에게 오면 하늘의 소망, 영원한 생명의 소망이 너희 가슴속에 새겨질 것이다. 내가 바로 네 인생의 주인이고, 너의 소망이기 때문이다."

하나님을 신뢰하고 믿는 사람이라면 시인과 함께 이렇게 외칠 것입니다.

"주님, 저는 하나님께 소망을 두겠습니다. 예수 그리스도여, 당신은 저의 유일한 소망입니다."

주님, 당신의 하나밖에 없는 심장을

십자가에서 떼어 주시고

저의 죽은 심장을 살려 내신 것에 감사합니다.

부디 살아 있는 날 동안

주님 흉내라도 내게 하소서.

예수의 흉내라도 내게 하소서

군 복무 중일 때 포상 휴가로 일주일 휴가를 받은 적이 있습니다. 군대에서 장기 자랑 대회가 열렸는데 《한시외전》(韓詩外傳)에 나오는 시를 붓글씨로 써서 최우수상을 받아 휴가를 가게 된 것입니다.

樹欲靜而風不止 수욕정이풍부지

子欲養而親不待 자욕양이친부대

나무는 고요하고자 하나 바람이 그치지 않고,

자식은 봉양하고자 하나 부모는 기다려 주지 않는다.

제가 아버지께 어릴 때 배운 귀한 두 가지 중 하나는 한자였고, 다른 하나는 붓글씨였습니다. 아버지는 평생 농사꾼으로 가난하게 사셨지만 한자에 능하셨고 붓글씨 솜씨가 뛰어났습니다. 아버지가 붓글씨를 쓰시면 저는 그 옆에서 먹을 갈았고, 아버지의 서체를 이어받아 저도 좋은 필체를 갖게 되었습니다. 누구를 따라가다 보면 그 사람을 닮기 마련입니다.

주님 닮기를, 주님처럼 살아가기를

예수를 믿는 사람들이면 한 번쯤 다음과 같은 기도를 해 보았을 것입니다.

"주님, 진정 제가 예수님을 따르기 원합니다. 예수님 닮기를 원합니다."

제가 대학 시절에 예수님을 만난 이후, 거의 매일 드렸던 기도입니다.

"어느 정도 살다가 인생을 끝내고 싶지 않습니다. 주님을 더 깊이 알아 가게 하시고, 진실로 사랑하게 하시고, 주님이 걸어가신 길을 따르게 하소서. 내 생각, 내 성품, 내 모든 것이 주님 닮기를 원합니다. 삶의 모든 순간마다 주님처럼 살기를 원합니다."

이런 기도를 잘 보여 주는 빌립보서 2장 5절은 제 인생 말씀입니다.

예수님처럼 살아갈 수 있다면 그보다 더 영광스러운 삶이 있을까요? 예수님의 흉내라도 낼 수 있다면, 감히 그렇게 살아갈 수만 있다면, 그보다 더 감격스러운 일이 있을까요? 진정 의미 있고 행복한 인생이 될 것입니다.

제 나이 서른 살에 굳게 결심한 한 가지가 있습니다. 우리에게 알려진 대로 예수님은 서른 살이 되었을 때 3년 동안 하나님 나라의 복음을 전하는 공생애의 삶을 사셨습니다. 평생 주님처럼 살기는 어렵겠지만 3년 세월만큼은 저도 주님을 위해 전적으로 제 삶을 드리기로 작정했습니다.

공생애 같은 3년의 삶을 두고 기도하는 가운데, 하나님이 신학대학원으로 인도하셨습니다. 그때까지만 해도 신학대학원이 3년 과정이라는 것을 몰랐습니다. 매주 주말이 되면 초등학교나 중학교를 찾아다니며 아이들을 전도하고, 신학 공부를 마칠 때까지 학기가 끝나면 낙도나 오지에 들어가 복음을 전하며 방학을 보내곤 했습니다. 그 시절 오직 한 가지 기도 제목이 있었다면 "주님 닮아 가기를, 주님처럼 살아가기를 원합니다"였습니다.

세월이 흐른 후, 어느 순간부터 더 이상 그 기도를 하지 않게 되었습니다. 아니, 그 기도를 할 수가 없게 되었습니다. 예수님처럼 살고, 예수님을 닮게 해 달라는 기도가 얼마나 위험한지를 깨달았기 때문입니다. 허물과 연약함으로 뒤덮인 죄인이 예수님처럼 산다는 것은 불가능하고, 정말 그렇게 살아간다면 저 자신이 견뎌 내지 못할 것을 알았기 때문입니다.

하나님의 모든 것을 본받는 자가 되라

그런데 성경은 우리가 닮아야 할 분이 예수 그리스도라고 말합니다. 특히 사도 바울은 우리가 예수님을 닮고 하나님의 성품을 본받을 것을 반복해서 강조합니다. 한때 예수님을 대적하고 교회를 잔멸했던 바울, 스스로 죄인 중에 괴수라고 고백했던(딤전 1:15) 그가 이렇게 강조한 것은 정말 의외입니다.

> 내가 그리스도를 본받는 자가 된 것같이 너희는 나를 본받는 자가
> 되라 고전 11:1

"여러분은 나와 같은 사람을 본받으면 안 됩니다"라고 말해야 할 바울이 "내가 주님을 본받는 것처럼 여러분도 나를 본받기 바랍니다"라고 말합니다. 물론 바울도 누구보다 자신을 잘 알고 있을 것입니다. 자신은 주님 앞에 머리를 들 수 없는 죄인이라는 사실을 말입니다. 그런 그가 무슨 말을 하려는 것일까요?

"나는 죽어 마땅한 죄인이지만 위대하신 하나님의 은혜가 나

에게도 임했습니다. 우리 모두 주님의 은혜로 새로워진 피조물이 되었습니다. 이전 것은 지나가고 예수의 영이 우리 안에 찾아온 새사람이 되었습니다. 내 안에 예수님을 모시고 살아가는 것처럼, 여러분도 부디 나를 따라 예수님을 닮은 인생이 되기를 바랍니다."

바울의 이러한 고백은 다른 성경 본문에서도 계속 등장합니다.

그러므로 사랑을 받는 자녀같이 너희는 하나님을 본받는 자가 되고
엡 5:1

우리는 하나님의 사랑을 받은 자녀이니 하나님의 성품, 하나님의 사랑, 하나님의 모든 것을 본받는 자가 되라고 합니다. 바울은 인간이 어느 수준까지 도달할 수 있는지를 말하는 것이 아닙니다. 하나님의 그 큰 사랑을 받아 우리 안에 하나님의 영이 임재해 있다면 자신을 십자가에 내려놓고 하나님의 성품을 닮은 사람으로 살아 내라는 것입니다. 이것이 하나님의 은혜로 새로운 피조물이 된 사람의 거룩하고 영광스러운 삶이라는 말씀입니다.

"하나님을 본받는 자가 되라"는 말씀은 바울 시대 사람들이 받아들일 수 있는 것이 아니었습니다. 구약 시대에는 하나님의 이름을 함부로 부르면 죽는다고 믿었기 때문에 하나님의 이름을 감히 입에 올리지도 못했습니다. 성경에 자주 등장하는 '여호와'라

는 이름은 하나님을 정확하게 부르는 발음이라고 보기 어렵습니다. 구약 시대 사람들은 하나님의 이름을 잘못 불러서는 안 되었기에 '여호와'라는 이름을 대신하여 '아도나이'라고 불렀습니다. 하나님의 이름조차 감히 부르지 못했던 시대인데 바울은 어떻게 하나님을 닮는 자가 되라고 했을까요? 어떻게 우리 같은 죄인이 하나님을 닮아 가며, 그 거룩한 형상대로 살라고 얘기하는 것일까요? 도저히 이해되지 않는 상황임에도 바울은 간곡히 부탁합니다.

> 나의 자녀들아 너희 속에 그리스도의 형상을 이루기까지 다시 너희를 위하여 해산하는 수고를 하노니 갈 4:19

죄와 허물로 얼룩진 우리 안에 예수님의 거룩한 형상이 이루어지기까지 해산의 수고를 감당한다는 바울의 말은 어떤 의미일까요? 예수를 믿는다면 믿는 것으로 끝내지 말라는 뜻입니다. 예수를 믿고 구원을 얻었다면, 그리스도의 형상이 우리의 생각, 마음, 태도, 행실, 모든 것에 새겨질 때까지 최선을 다해 너희를 위해 수고할 것이라고 말하고 있습니다.

수많은 사람에게 복음을 전하며 사람들을 대할 때마다 바울은 외쳤습니다.

"여러분, 구원을 얻는 것으로 만족하는 인생이 되어서는 안 됩니다. 주님의 형상이 내 삶에 나타날 때까지 최선을 다해 주님을 닮아 가십시오. 예수를 믿는 것은 구원의 출발점이지 종착역이 되어서는 안 됩니다."

바울의 이러한 외침은 그리스도를 믿는 우리 모두가 추구해야 할 목표입니다.

누가 이렇게 살아갈 수 있을까요? 천상의 찬란한 예수 그리스도를 만난 사람입니다. 예수를 아는 것이 얼마나 고상하고 예수를 따라가는 것이 얼마나 숭고한 삶인지 깨달은 사람입니다.

그리스도가 없는 삶과 그리스도가 있는 삶

플라톤(Plato)이 쓴 《국가》에 동굴의 비유가 나옵니다. 오랜 세월 서양철학사를 이끌어 온 비유로서, 신앙적으로 이해하면 예수 밖의 삶과 예수 안의 삶을 잘 설명해 줍니다. 플라톤은 우리가 처한 세상을 현상 세계와 이데아 세계로 나누어 설명합니다. 현상 세계는 불완전한 세계로 이데아의 그림자에 불과하며, 이데아 세계는 완전하고 이상적입니다.

이데아를 설명하기 위해 그는 빛이 들어오지 않는 동굴 안에 어린 시절부터 다리와 목이 쇠사슬에 묶인 죄수들을 등장시킵니다. 자유롭게 고개를 돌릴 수 없는 상황이고, 오직 얼굴만 동굴의 벽을 향해 있습니다. 이 죄수들 뒤편에는 모닥불이 피워져 있고 사람들은 그 앞에서 그림자놀이를 하고 있습니다. 죄수들이 보는 것은 그 모닥불이 보여 주는 그림자밖에 없고, 그 그림자를 실체라고 믿고 살아갑니다. 여기에서 플라톤이 질문을 던집니다.

"만일 죄수 중에 한 사람이 쇠사슬을 끊고 뒤를 돌아본다면 어떤 일이 일어날까요?" 생애 처음으로 보는 그 모닥불에 눈이 부실 것입니다. "마침내 죄수가 동굴에서 벗어나 하늘에 떠 있는 태양을 본다면 무슨 일이 일어날까요?" 처음에는 눈이 부셔서 아무것도 보지 못하다가 서서히 지금까지 자신이 본 모든 것이 그림자이고 실체가 아니라는 사실을 깨달을 것입니다.

실체를 보고 나면 이제까지 그림자를 보며 살아온 자신의 모습이 얼마나 안타까울까요. 그림자를 보며 즐거워하고 그림자를 더 얻기 위해 추구한 삶을 돌아보며 그동안 자신이 얼마나 하찮은 것을 좇아 살아왔는지 확인하게 될 것입니다. 플라톤의 동굴의 비유는 그리스도가 없는 삶과 그리스도를 만난 후의 삶을 잘 보여 줍니다. 예수를 모른 채 세상이 전부인 줄 알고 살아온 모든 날은 천상의 찬란한 기쁨과 아름다움에 비하면 초라한 그림자에 불과합니다.

많은 사람은 자신이 추구하고 있는 것이 한낱 무가치한 그림자라는 것을 깨닫지도 못한 채 평생 그것을 붙잡으려 달려갑니다. 그러나 영의 눈이 열려 우주 만물의 주인이시요 창조주가 되시는 예수님을 만날 때 가치관에 혁명이 일어납니다. 하늘의 실체를 본 것입니다. 이 비밀을 깨달은 바울이 말합니다.

"나는 예수 그리스도와 십자가 외에는 아무것도 알지 않기로 작정했노라. 예수를 알아 가는 것이 가장 고상한 지식이라."

바울뿐 아니라 주님을 만난 모든 사람의 고백이 되어야 합니다. 주님을 만나면 더 이상 그림자에 만족하지도 않고 그림자 같은 삶을 추구하지도 않을 것입니다. 그리고 동굴 안으로 다시 뛰어들어가 외칠 것입니다.

"우리가 머물러야 할 곳은 여기가 아닙니다. 저 밖에 찬란한 태양이 있고 푸른 하늘이 있습니다!"

하나님의 은혜로 하늘의 태양 빛을 맛본 사람, 진정한 생명의 빛을 발견하고 외치는 사람, 그들이 진정 예수를 만난 그리스도인입니다.

예수와 함께 십자가에 못 박히다

그렇다면 내가 아닌 내 안에 계신 예수를 추구하며 살아가는 삶은 무엇일까요? 바울이 쓴 많은 성경 가운데 내 속에 임재하신 예수 그리스도를 추구하는 열망을 가장 강렬하게 보여 주는 말씀이 있습니다.

내가 그리스도와 함께 십자가에 못 박혔나니 그런즉 이제는 내가 사는 것이 아니요 오직 내 안에 그리스도께서 사시는 것이라 이제 내가 육체 가운데 사는 것은 나를 사랑하사 나를 위하여 자기 자신을 버리신 하나님의 아들을 믿는 믿음 안에서 사는 것이라 갈 2:20

이 말씀 안에 바울의 인생 고백이 다 들어 있습니다. 진정한 그리스도인이 어떤 사람인지, 예수 그리스도를 가장 깊이 닮은 사람이 누구인지 한눈에 보여 줍니다.

바울의 첫 고백입니다.

"나는 예수 그리스도와 함께 십자가에 못 박혀 죽었습니다!"

자기 자신의 정체성을 십자가에서 이미 죽은 사람으로 이야기하고 있습니다. 자신을 죽은 사람으로 묘사하는 것은 의외입니다. 누구라도 이 세상에서 좀 더 잘 살기를 소망할 것입니다. 바울이 그렇게 고백한 데는 분명한 이유가 있습니다. 영광스러운 주님의 십자가를 보았기 때문입니다. 십자가를 만나는 순간, 바울의 삶에 혁명이 일어났습니다. 예수님이 창조주 하나님이시요, 구원자 되시는 그리스도라는 것을 깨달았기 때문입니다. 그때가 바로 동굴에서 벗어나 하늘의 태양 빛을 본 순간입니다.

삶의 전부가 되시는 예수님을 위해 그는 자신을 십자가에 못 박는 위대한 일을 했습니다. 그때 자신이 아니라 그 안에 살아 역동하시는 예수님이 살아나신다는 것을 알았기 때문입니다.

바울의 고백은 십자가의 죽음으로 끝나지 않습니다.

"이제 내가 사는 것은 나를 위해 자신을 버리신 예수를 믿는 믿음 안에서 사는 것입니다."

육체 가운데 살아가고 있지만 인생의 방향도, 목적도 달라졌다는 것입니다. 나를 사랑하셔서 생명을 주신 예수님을 위해 내 삶을 드리겠다는 고백입니다.

우리가 바울에게 "예수를 만난 후에 무엇이 달라졌는가?" 하고 묻는다면 그는 다음 두 가지를 말할 것입니다. "나는 십자가에서 죽었다가 살아나 생명을 얻게 되었습니다." 그리고 "내 인생의 주인이 내가 아니라 예수님을 주인으로 모시고 그분의 영광을 위해 살게 되었습니다."

예수님이 나의 주인이신가

제가 목회하는 교회에서 부목사로 섬기다가 한국에서 목회하는 목사님을 만났을 때입니다. 목사님은 미국에서의 사역을 마친 후 귀국해서 경기도에서 교회를 개척했고, 하나님의 은혜로 교회가 부흥하면서 건강하고 아름다운 교회로 오늘까지 성장하고 있습니다.

목사님은 1년에 한 번 "예나주"라는 특별 세미나를 인도합니다. "예나주"는 '예수님이 나의 주인이시다'의 줄임말입니다. 목사님은 이 특별 세미나에서 많은 사람이 예수님을 나의 구원자로 모시고는 있지만, 나의 주인으로 모시지는 않는다고 강조했습니다. 즉 예수님을 향한 믿음으로 우리가 구원을 얻는 것까지는 인정하지만, 예수님을 믿고 난 다음에도 사람들은 계속해서 자기 스스로 주인 노릇을 한다는 것입니다.

목사님이 세미나 시작과 함께 "예수님을 나의 주인으로 모시지 않는 사람은 천국에 들어갈 수 없습니다"라는 말을 강조하면 대부분의 사람들이 번개에 맞은 듯 놀란다고 합니다. 이미 예수님을 나의 구원자로 영접했다고 굳게 믿는 사람들에게는 꽤 충격적인 말이기 때문입니다. 바울의 고백이 바로 이것입니다.

바울이 일생 동안 예수 그리스도를 모시고 살았던 이유는 무엇이었을까요? 바울의 노력에 의해서가 아니라 예수님이 바울의 삶에 들어와 주인이 되셨기 때문입니다. 바울의 인격과 성품은 그의 것이 아니었습니다. 오직 예수님을 구주로 삼고, 예수님을 따라가는 삶을 살았기 때문에 그가 주님의 형상을 닮은 것입니다. 바울이 우리에게 나처럼 살라고 소리칠 수 있는 확신이 여기에 있습니다.

"내가 예수를 주인으로 모시고 살아가는 것처럼 여러분도 그렇게 살기를 바랍니다."

그러나 우리의 부족한 모습을 영적 거울에 비추어 보면 이런 말씀은 도저히 꿈꿀 수 있는 경지가 아니라는 것을 확인하게 됩니다. 제가 오랜 세월 예수처럼 살기를 기도하다가 멈춘 가장 중요한 이유가 있습니다. 그렇게 살아갈 수 없는 사람임을 발견했기 때문입니다. 예수처럼 살아가기란 도무지 이를 수 없는 경지이며, 연약한 육신을 가진 나 같은 사람은 그 기도의 응답을 받는다 해도 도저히 감당할 수 있는 사람이 되지 못한다는 것을 깨달았기 때문입니다.

그런데 그때 제가 발견하지 못한 것이 하나 있었습니다. 예수님을 구원자로 믿고 살아갔지만, 나 자신은 주님과 함께 완전히 죽었다는 사실은 미처 알지 못했습니다. 비록 육신을 입고 살아가지만 나 자신은 주님과 함께 십자가에 못 박혀 죽었으며, 내가 열심을 내어 노력하고 결단해서 살아가는 것이 아닌, 내 안의 주인이 바뀌어 성령을 따라 나 자신을 자연스럽게 드리면 된다는 사실을 그때는 몰랐습니다.

자신에게 한번 물어보기 바랍니다.

"예수님이 나의 구원자가 되셨는가?"

이것은 주님의 은혜가 있어야 가능한 일입니다. 아울러 더 중요한 실존적 질문을 해 보기 바랍니다.

"주님을 나의 주인으로 인정하고 모시고 있는가? '나'에서 '주님'으로 내 가치관이 바뀌었는가? 인생의 목적과 행복의 근원, 자녀를 키우는 가치관, 물질관, 세상을 바라보는 세계관 등 모든 영역에서 예수님이 나의 주인이신가?"

예수님을 주인으로 모신 사람은 삶의 모든 영역에서 거룩한 변화가 일어납니다. 우리는 주인의 명령을 따라 살아가는 주님의 종들이기 때문입니다. 예수님을 따라가다 보면 때로는 삶이 무겁게 느껴지기도 합니다. 하지만 그 삶의 감격과 기쁨, 평강, 자족과 만족은 세상 어디에서도 찾을 수 없습니다.

제가 섬기는 교회에서 사역훈련 종강식을 했을 때였습니다. 훈련생 한 명 한 명의 변화된 모습과 예수님으로 인해 마음 깊이 기쁨을 고백하는 성도들을 보면서 '하나님이 참으로 기뻐하시겠구나' 하는 마음이 들었습니다. 그중에서도 제 마음 깊은 곳에 울림으로 남은 한 집사님의 고백이 있습니다.

"저를 몸의 한 지체 중에 비유해야 한다면 발바닥인 것 같습니다. 발바닥은 몸의 가장 낮은 자리에 있는 기관이지요. 저는 우리 교회의 지체들에 비하면 가장 낮은 자리에 있는 사람입니다. 신앙의 집안에서 자란 사람도 아니고 미국 사회를 잘 아는 사람도, 엘리트도 아닙니다. 화려한 스펙이나 능력도 없어 교회에서 중요한 역할을 수행할 수 있는 사람은 아니지요.

그러나 저는 험한 일도 마다하지 않습니다. 육체적으로 힘든 일도 두려워하지 않습니다. 도움이 필요하다면, 저를 사용해야 한다면 마다하지 않고 달려갈 수 있는 발바닥의 역할을 합니다. 사람이 서 있으면 유일하게 보이지 않는 기관이 발바닥이지요. 피부 중 가장 두꺼운 곳이 발바닥이지요.

저는 드러낼 만한 신앙의 가문은 없지만, 저는 예수님의 가문이라는 확신과 믿음이 두텁기에 제가 하는 사역이 겉으로 드러나지도 보이지도 칭찬 받지 않아도 행복합니다. 그리고 저는 발바닥이기 때문에 가장 낮은 자리에 있어서인지 낮은 자리에 있는 사람들이 잘 보입니다. 세상에서 인정받지 못하고 소외된 이웃, 상처 받은 영혼들, 삶의 소망을 잃은 사람들, 병들어 고통 받는 사람들, 하나님의 사랑이 필요한 소망 없는 사람들이 제 눈엔 잘 보입니다. 저의 사역은 그들을 위로하며 섬기고, 그들을 찾아가 복음을 전하고 그들을 교회로 인도하는 것입니다.

발바닥은 가장 더러운 기관처럼 여겨지지만 예수님은 제자들의 몸 중 유일하게 발을 씻겨 주셨습니다. 비록 발바닥의 역할이지만 예수님의 시선이 저에게 있으니 누구보다 행복한 지체입니다."

성도님의 고백은 글로 쓴 문장이 아니었습니다. 사랑하는 주님을 향한 신앙고백이요, 자신의 주인이 되신 예수님에 대한 종이요 제자로서의 고백이었습니다.

소망에 대하여 설교할 때 많은 성도님은 예수 안에서 바뀌고 있는 자신의 모습, 주님 안에서 새로워지고 싶은 자신의 소망을 담아 메시지를 보내왔습니다.

"소망에 대한 설교를 들으면서 제 삶에 조금씩 변화가 일어나고 있습니다. 제 삶이 달라지고, 태도가 달라집니다. 사람을 바라보는 시선이 곱게 바뀌고 있습니다."

참으로 아름다운 고백입니다. 소망의 시선으로 바라볼 때, 사랑

매일 소망

스럽지 않은 사람은 없을 것입니다. 소망의 시선으로는 누구를 보아도 예쁘고 사랑스럽고, 축복을 나누고 싶은 마음이 가득해집니다. 이는 단순한 변화가 아닙니다. 예수님이 사람을 볼 때 가지셨던 긍휼의 마음이 우리 안에 자리 잡을 때 비로소 가능한 일입니다.

우리는 자기 힘으로 살아간다고 생각하지만, 주님을 사랑하고 소망하며 살아가는 사람에게는 내적인 변화가 자연스럽게 일어납니다. 이것이 바로 성령이 우리 안에서 일으키시는 역사입니다. 자신에게 질문해 보기 바랍니다.

"내 마음에 주님을 참 사랑하고, 주님처럼 살고자 하는 소망이 있는가?"

연약한 우리가 비록 죄 가운데 신음하며 살아간다 할지라도, 그 속에 주님을 닮아 가기를 바라는 열망이 있다면 그 자체로 감사한 일입니다. 이 소망을 품는 것이야말로 우리 삶을 행복하고 만족스럽고 의미 있게 만드는 원천입니다. 만약 아직 이 소망이 생기지 않았다면 스스로에게 그 이유를 물어보아야 합니다.

"나는 참으로 예수님을 내 삶의 주인으로 모시고 있는가, 아니면 여전히 나의 중심 자리에 나 자신이 앉아 있는가?"

주님을 따르면서도 여전히 세상의 화려함에 마음을 빼앗긴다면 우리는 이런 마음을 없애 달라고 기도할 것이 아니라 방향을 바꾸어 다르게 기도해야 합니다.

"주님, 바울이 보았던 그 숭고한 예수 그리스도를 저도 보게 하소서. 2천 년 전 십자가에서 흘리신 주님의 피가 바로 나를 위한 것임을 깨닫게 하소서. 부활하셔서 하늘의 산 소망이 되신 예수 그리스도가 제 삶의 소망이 되도록 영의 눈을 열어 주소서."

이런 사람에게 소망은 부담이 아니라 영광스러운 특권이 됩니다.

부디 주님 흉내라도 내게 하소서

바울은 예수님을 만난 이후 어떻게 30여 년을 한결같이 사명을 위해 불태우면서 하나님의 성품과 형상을 따라 살아갈 수 있었을까요? 우리는 바울의 삶에 스며 있는 비밀 한 가지를 발견할 수 있습니다. 바울은 다메섹 도상에서 부활하신 주님을 만난 후 주님과 깊은 독대를 하며 주님을 배우고, 묵상하며 닮아 가는 시간을 가졌습니다.

바울은 예수님보다 약간 늦은 주후 5년에 태어나 67년에 세상을 떠났다고 알려져 있습니다. 약 62년의 인생이었습니다. 28세 즈음에 예수님을 만나 회심했고, 주님을 만난 후로 34년을 주님과 복음을 위해 한순간도 흐트러짐 없이 불태웠습니다. 바울이 그렇게 긴 세월을 주님을 위해 고결하게 보낼 수 있었던 이유가 있습니다. 예수님과 마주한 긴 세월이 있었기 때문입니다.

아라비아 사막에서 3년을 보내고 고향 다소에서 8년, 그 길었던 11년 동안 그는 십자가 앞에 나아갔습니다.

"예수 그리스도가 어떤 분이시기에 나를 대신하여 십자가에서 피를 흘리고 대신 죽으셨단 말인가? 수치의 십자가를 지신 분이 어찌 세상을 구원하기 위해 오신 메시아가 될 수 있는가?"

감옥에서도 마찬가지였습니다. 가이사랴와 빌립보에서 2년, 로마에서 약 4년, 총 6년간 그는 감옥에 갇혀 있었습니다. 그러나 바울은 그 시간을 단순히 고통의 시간으로 여기지 않았습니다. 자유롭지 못한 감옥에서 오히려 주님과 깊이 독대하는 시간을 가졌습니다. 사람과의 대화가 끊어졌을 때 하늘의 주님과 깊이 연합했습니다. 주님과 이토록 깊이 동행했기에 모든 그리스도인의 심장을 뜨겁게 하는 고백이 터져 나올 수 있었습니다.

"내 안에 주인으로 살아 계시는 예수 그리스도, 내가 살아도 주님을 위해 살고 죽어도 주님을 위해 죽나니 내가 사나 죽으나 주님의 것이로다."

이런 바울을 두고 예수님은 우리에게 무엇이라고 물으실까요?

"나는 바울에게 전부가 되었는데, 너에게 나는 어떤 존재인가? 십자가를 만나고 부활을 체험했을 때 바울의 인생은 혁명적인 변화를 겪었는데, 너는 나의 십자가와 부활을 진실로 체험했는가? 그렇다면 지금 너의 삶이 그것을 증명하고 있는가?"

바울의 삶을 진실로 묵상한다면, 일생 예수를 위해 달려간 바울의 뛰는 심장 소리를 정말 듣는다면 이대로 살아갈 수는 없을 것입니다. 우리도 기도하게 될 것입니다.

"주님, 부디 우리 삶에 주님의 흉내라도 낼 수 있도록 몸부림치게 하소서. 바울이 일생 추구했던 그 삶, 주님을 닮아가는 그 고결한 삶을 위해 달려가게 하소서. 주님과 깊이 영적인 교제를 하며 주님의 얼굴빛을 보았던 바울처럼 우리도 주님의 숨결을 느낄 때까지 주님과 한없이 깊은 교제 안으로 들어가게 하소서."

미국의 유명 앵커 래리 킹(Larry King)이 80세 생일을 맞은 빌리 그레이엄(Billy Graham) 목사를 인터뷰하며 물었습니다.

"목사님은 매년 250만 명을 예수님께 인도하고, 22억의 사람들에게 평생 복음을 전하셨습니다. 목사님의 삶은 칭찬받을 만한 일밖에 없어 보입니다. 후회하는 일도 없으시겠지요?"

그 질문에 그레이엄 목사는 어두운 낯빛으로 고개를 떨구었습니다.

"내 삶은 후회로 가득 차 있습니다. 너무 많은 사람을 만나고 수많은 사역을 감당하느라 정작 예수님과 보낸 시간이 너무나 적었습니다. 예수님을 조금 더 만났다면 지금쯤 예수의 형상이 나타날 텐데요."

일생 복음을 위해 삶을 던진 존경받는 목사님이 들려주는 고백이 깊은 울림으로 다가옵니다. 매일 분주함 속에 정신없이 살아가는 우리 삶의 발걸음을 잠시 멈추고 내가 걷는 걸음에 예수님이 함께하고 계시는지, 나의 걸음이 하나님의 영광을 향해 달려가고 있는지 물어봐야 할 것입니다.

일본 작가 가운데 세상 사람에게 많은 사랑을 받은 엔도 슈사쿠가 있습니다. 그의 책《침묵》이 영화로 소개되면서 우리나라에도 더욱 널리 알려졌습니다. 인간이 경험하는 아픔과 고뇌를 진솔하게 표현함으로써 읽는 사람마다 자신의 삶을 깊이 들여다보게 합니다. 거룩한 하나님 앞에 어찌할 수 없는 인간의 죄성, 하나님을 사랑하지만 결코 하나님 앞에서 온전히 살아갈 수 없는 인간의 한계를 그렸습니다. 그의 묘비에는 이러한 그의 작품과 인간의 삶을 한눈에 볼 수 있는 문장이 새겨져 있습니다.

인간은 이렇게도 슬픈데,
주여, 바다가 너무도 푸르릅니다.

그의 저서《깊은 강》에는 하나님 앞에 살아가는 인간의 처절한 고뇌가 잘 표현되어 있습니다.

오쓰는 주님을 참으로 사랑하여 신부가 되고자 했지만 예수를 양파로 빗대어 부르는 미쓰코라는 여성의 유혹을 뿌리치지 못합니다. 오쓰는 예수님을 떠나 그녀와 지내지만 얼마 지나지 않아 버림을 받습니다.

오쓰는 모든 것을 회개하고 프랑스로 가서 신학 수업을 받습니다. 신학 공부를 마친 후에는 인도에 들어가서 선교사의 삶을 삽니다. 갠지스강이 흐르는 바라나시에서 그는 인도의 불가촉천민들, 가장 낮은 하층민들의 장례를 돕는 일을 합니다. 그들의 유일한 소원은 자신이 죽으면 화장되어 갠지스강에 뿌려지는 것이었습니다.

오쓰는 그곳에서 죽어 가는 사람, 때로는 죽은 사람을 등에 업고 갠지스강으로 데려가 그곳에서 마지막을 맞이하게 하고 그들을 화장해 소원대로 갠지스강에 뿌려 주었습니다.

어느 날 오쓰는 쓰러진 한 노파를 등에 업고 갠지스강을 향해 걸음을 옮깁니다. 땀에 젖은 더러운 수건으로 얼굴을 훔치며 그가 드렸던 기도입니다.

주님, 당신은 등에 십자가를 지고
죽음의 언덕 골고다를 오르셨습니다.
저는 지금 감히 그 흉내를 내고 있습니다.
주님, 당신은 등에 여러 사람의 슬픔을 짊어지고
죽음의 언덕 골고다까지 오르셨습니다.
저는 지금 감히 그 흉내를 내고 있습니다.

"저는 감히 주님의 흉내를 내고 있습니다."

한 젊은이가 죄인 된 자신이 감히 예수님의 흉내를 낸다고 주님 앞에 용서를 구하고 있습니다. 자신에게 한번 물어보기 바랍니다.

'내 일생 한 번이라도 예수처럼 살기 위해 흉내라도 내어 본 적이 있었는가? 흉내라도 내는 것을 부끄럽게 여기며, 주님께 죄송하다고 용서를 구해 본 적이 있었는가?'

소설 말미에는 마하트마 간디(Mahatma Gandhi) 수상이 암살당한 당시를 묘사하고 있습니다. 분노한 인도 사람들을 자극한 사건이 일어났습니다. 한 일본인 관광객이 사람들 사진을 찍은 것입니다. 인도에서는 결코 해서는 안 될 일이었습니다. 이를 목격한 군중이 달려들어 그 일본인을 짓밟기 시작했고, 이를 지켜보던 오쓰가 사람들을 막아섰습니다. 사람들은 대신 오쓰를 짓밟았습니다. 병원에 실려 가는 오쓰를 향해 미쓰코가 소리칩니다.

"넌 정말 바보야. 그런 양파를 위해 일생을 바치고. 네가 양파를 흉내 낸다 한들, 증오와 자기밖에 모르는 세상이 바뀔 리가 없잖아. 이렇게 무시만 당하다가 결국 목이 부러져 죽어 가잖아."

그때 오쓰가 한 마지막 한마디입니다.

"이것으로 좋아. 나의 인생은 이것으로 좋아."

다른 사람을 대신해 매를 맞으며 비참하게 죽어 가는 마지막 순간에 조금이라도 주님을 흉내 내어 살 수 있다면 그것으로 만족한 인생이라고 말하는 오쓰, 죽은 사람을 등에 업고 갠지스강을 오르며 아무도 알아주지 않는 척박한 땅에서 외로운 삶을 살다가 주님께 안긴 오쓰.

오쓰의 삶을 가만히 그려 보면 떠오르는 한 사람이 있습니다.

아버지의 부탁으로 지상에 오셔서 죽을 만큼 고생하다가 서른셋 젊은 나이에 매를 맞고 살이 찢겨 피 흘리며 돌아가신 그 한 분이 떠오릅니다. 예수님을 정말 아는 사람이라면, 예수 그리스도를 진정 내 삶의 주인으로 모신 사람이라면, 살아가는 날 가운데 한 번쯤은 이렇게 기도해야 할 것입니다.

"주님, 당신의 하나밖에 없는 심장을 십자가에서 떼어 주시고, 저의 죽은 심장을 살려 내신 것에 감사합니다. 부디 살아 있는 날 동안 주님 흉내라도 내게 하소서. 언젠가 지상의 삶을 다하고 주님의 얼굴을 마주할 때가 올 텐데 그날 너무 부끄럽지 않도록 주님의 흉내라도 내게 하소서."

매일 소망

소망의 시선으로는

누구를 보아도 예쁘고 사랑스럽고,

축복을 나누고 싶은 마음이 가득해집니다.

예수님이 사람을 볼 때 가지셨던 긍휼의 마음이

우리 안에 자리 잡을 때 비로소 가능한 일입니다.

이 소망을 가슴에 새기면

살아 있는 날 동안

하늘의 기쁨을 누리며

세상을 떠날 때,

하늘의 평강을 노래하는

위대한 인생이 시작됩니다.

5

우리는 하늘에 뿌리내리고 산다

이집트에서 목회자들을 위해 설교와 강의를 부탁받고 섬겼을 때입니다. 일정을 마치고 카이로에 있는 박물관을 방문했습니다. 수천 년 전의 유물들이 그대로 보존된 것을 보면서 한 시대 세상을 지배했던 이집트의 뛰어난 문명이 한눈에 들어왔습니다. 가장 큰 관심을 끈 것은 단연 왕들의 시신을 처리한 미라였습니다. 3-4천 년 전에 죽은 왕들의 시신을 미라로 보는 것은 정말 신기한 일이었습니다.

영원한 생명을 갈망했던 사람들

미라를 만드는 일은 엄청난 과정을 거칩니다. 사체에서 장기들을 제거한 후 복강 안을 깨끗이 비웁니다. 사후세계에서 심판받을 때 꼭 필요하다고 믿었던 심장을 비롯해 주요 장기들은 꺼내 부패 방지를 위한 특수 처리를 해 따로 보관합니다. 미라를 제작하는 일은 그 기간이 70일은 족히 걸리는 대규모 작업이었습니다.

수많은 왕의 미라 가운데 우리에게 가장 잘 알려진 것은 이집트 제18왕조의 제12대 파라오 투탕카멘(Tutankhamun)의 미라입니다. 투탕카멘은 9세에 왕위에 올라 18세의 젊은 나이에 사망했습니다. 짧은 기간 왕위에 있던 탓에 존재감이 거의 없었지만, 영국의 고고학자 하워드 카터(Howard Carter)가 1922년에 그의 무덤을 찾아낸 이후로 투탕카멘은 오늘날까지 세상의 주목을 받게 되었습니다.

처음 발견된 그의 무덤에서는 수천 점이 넘는 유물들이 출토되었습니다. 사후세계에서 투탕카멘의 시중을 들어야 하는 미라 형의 인물상 '샤브티'를 비롯해 미라로 된 생선과 음식, 장난감, 각종 무기류, 황금 왕좌, 호화찬란한 금은보화로 장식된 장신구 등 무수한 보물이 발굴되었습니다. 사람들의 가장 큰 관심을 끌었던 '투탕카멘의 황금 마스크'는 그 무게가 11킬로그램에 달하고, 그것을 담은 관은 110킬로그램의 순금으로 만들어져 있습니다.

고대 이집트인들이 이토록 엄청난 무덤을 만든 이유는 무엇일까요? 당시 사람들은 파라오가 죽으면 영원불멸의 신으로 부활한다고 믿었습니다. 온전한 신체가 있어야 부활할 수 있기에 파라오의 시신을 방부 처리하고, 죽은 후 다시 살아날 것이므로 생활에 필요한 모든 도구를 거대한 무덤 속에 함께 매장한 것입니다. 또 그들은 죽은 자의 영혼을 불멸의 세계로 나르는 이동 수단이 배라고 여겼기에, 왕들의 무덤에서 나무로 만든 배가 부장품으로 발견되기도 했습니다.

사후세계에 대한 두려움을 극복하고 영원불멸의 세계를 꿈꿨던 사람들, 망자의 육신을 미라로 만들어 영생을 꿈꾸었던 사람들. 그러나 그들에게 실제로 일어난 일은 무엇입니까? 대부분의 미라는 도굴 대상이 됐습니다. 밀수꾼들에 의해 여러 나라에 팔려 가는 치욕을 겪었습니다. '사자의 저주'라 불리며 무덤 발굴에 참여했던 사람들이 의문사를 당하고, 기이한 현상들로 죽음을 맞이하는 불행을 겪기도 했습니다. 이런 이유로 황금 같은 보물들만 취한 후 미라는 불에 태워 없애기도 했습니다. 왕이었던 그들이 3-4천 년 후 관광 상품이 되어 돈벌이로 이용된다는 사실을 그들은 상상이나 했을까요?

중국의 진시황제는 불로장생을 꿈꾸며 병마용을 만들어 자신이 죽은 뒤에도 병사들이 자신을 지켜 주기를 바랐습니다. 그보다 먼 옛날에는 왕이나 권력자가 죽었을 때 살아 있는 사람을 함께 묻는 순장 풍습도 있었습니다. 이 모든 것이 사후세계에 대한 두려움을 극복하고 영원불멸의 삶을 살고자 하는 인간의 기대가 빚어낸 일입니다. 죽음에 대한 두려움은 잊는다고, 초연한 생각을 가진다고 사라지는 것이 아닙니다.

왜 예수가 산 소망이 되시는가

어떻게 해야 인간이 그토록 원하는 영원한 생명, 영원한 세계의 소망 속에 살아갈 수 있을까요? 오직 한 가지, 우리의 산 소망되시는 예수를 만나는 길밖에 없습니다. 베드로는 우리가 반드시가져야 할 소망, 영원한 산 소망 되시는 예수 그리스도를 이렇게소개합니다.

우리 주 예수 그리스도의 아버지 하나님을 찬송하리로다 그의 많으신 긍휼대로 예수 그리스도를 죽은 자 가운데서 부활하게 하심으로 말미암아 우리를 거듭나게 하사 산 소망이 있게 하시며 벧전 1:3

베드로는 하나님이 행하신 위대한 역사를 찬양합니다. 예수그리스도를 부활하게 하시고, 그로 인하여 우리에게 산 소망이되게 하신 하나님을 찬양합니다. 예수의 부활이 어떻게 우리에게산 소망이 될 수가 있을까요? '부활장'이라고 알려진 고린도전서에서 바울은 예수님의 부활이 우리의 부활이 되는 것에 대해 자세히 설명합니다.

> 그러나 이제 그리스도께서 죽은 자 가운데서 다시 살아나사 잠자는 자들의 첫 열매가 되셨도다 고전 15:20

여기서 "첫 열매"라는 단어에 중요한 의미가 있습니다. 저는 고향이 시골이어서 어린 시절 농사를 지으셨던 부모님과 함께 벼 추수를 한 일이 많습니다. 볏단 서너 포기를 잡고 낫으로 베어 내는 것이 추수의 과정인데, 본격적으로 추수를 하기에 앞서 마치 의식처럼 하는 행위가 있습니다. 논 가장자리의 벼 한 포기를 손으로 정성스럽게 쥐고 낫으로 조심히 베는 것이었습니다. 그것은 추수의 시작을 알리는 동시에 그 논의 모든 벼를 추수할 것이라는 확정을 의미했습니다.

예수 그리스도가 부활의 첫 열매가 되셨다는 것은 '주님께 속해 있는 우리 모두가 부활에 동참한다'는 확증을 보여 주는 말입니다. 부활에 대한 소망을 갖는 사람은 땅 위에서도 기쁘게 살아가지만, 이 땅을 떠나는 순간에도 평안과 소망 속에 주님께 나아갑니다.

마틴 로이드 존스 목사가 죽음을 앞두고 부탁한 말이 있습니다. "내가 병에서 해방되기를 기도하지 말게나. 영광스러운 나의 주님 만날 시간을 조금도 지체하고 싶지 않으니."

천국 소망에 사로잡힌 사람만이 할 수 있는 위대한 고백입니다.

디트리히 본회퍼(Dietrich Bonhoeffer) 목사는 나치의 폭정으로 고통받는 사람들을 보며 미국에서 편안한 교수의 삶을 뒤로하고 고국 독일로 들어갔습니다. 아돌프 히틀러(Adolf Hitler)에 대항하다 감옥에 잡혀 들어갔고, 종전을 한 달 앞둔 1945년 4월 9일 새벽에 형장의 이슬이 되었습니다.

감옥 안에서도 하나님이 주시는 평강과 은혜로 살아가던 사람, 본회퍼를 곁에서 지켜보았던 한 영국 장교가 사형장으로 끌려가는 그에게 "목사님, 이것이 마지막이군요. 안녕히 가십시오" 하고 인사를 건넸습니다. 그를 향해 본회퍼는 평온한 미소를 지으며 말했습니다.

"마지막이 아닙니다. 지금이 시작입니다."

로이드 존스나 본회퍼뿐이겠습니까? 위대한 목사나 뛰어난 신학자뿐만 아니라 우리 가운데에는 하나님 앞에 서게 될 그 순간을 기대하며 산 소망을 가지고 살아가는 수많은 성도가 있습니다.

제가 목회하는 교회의 한 권사님은 주님 품에 안기기 몇 시간 전에 자신을 찾아온 친구 권사들 한 명 한 명에게 이렇게 인사를 건넸습니다.

"내가 먼저 가 있을 테니 한 사람씩 따라와. 그런데 정 권사는 왜 안 보여? 뭔가 빠진 게 있어?"

여유 있게 농담까지 건넸습니다. 영원한 산 소망을 가진 사람만이 보여 줄 수 있는 멋진 모습입니다. 또 한 장로님은 돌아가시기 전에 가족에게 다음과 같은 말을 남겼습니다.

"이제 내가 이사 가야 할 때가 된 것 같다, 천국으로."

이것이 천국의 소망을 품고 살아가는 사람의 모습입니다.

소망 없는 시대에 진정한 소망은 예수

소망이란 어두운 현실 속에서도 밝은 내일을 꿈꾸게 하는 위대한 힘입니다. 불완전한 세상에서 꿈을 꾸게 하는 것, 불완전한 사람을 보면서도 다시 꿈을 꾸게 하는 것이 소망입니다.

특히 오늘날은 더욱더 소망이 절실한 시대가 되었습니다. 2023년에 제가 있는 버지니아에서 가까운 메릴랜드주 볼티모어에서 선박이 교각을 들이받으며 다리가 붕괴되는 엄청난 사고가 발생했습니다. 2025년 초 캘리포니아에 발생한 대형 산불로 가옥 수천 채가 잿더미가 되고 수십만 명의 이재민이 발생했습니다. 우크라이나와 러시아 간의 전쟁으로 수만 명의 젊은이가 생명을 잃고 수십만 명이 안타깝게 피를 흘리고 있습니다.

수없이 많은 사람이 공포와 두려움에 떨어야 하는 불행한 상황, 이러한 세상을 마주하며 우리는 질문을 던집니다.

"과연 우리가 사는 이 세상에 소망이 있는가?"

천재지변도 마음 아픈 일이지만, 사랑만 하기에도 인생이 짧은데 이렇게 서로 싸우고 죽이는 것을 보면 소망이 전혀 없는 세상처럼 보입니다. 이런 세상에 무엇이 진정한 소망일까요?

2001년 9월 11일은 미국 쌍둥이 빌딩 세계무역센터를 강타한 9·11테러가 일어난 날입니다. 온 세상을 놀라움과 아픔으로 몰아넣은 끔찍한 사건입니다. 당시 뉴욕에서 목회를 하고 있던 팀 켈러(Timothy J. Keller) 목사는 그 주일에 요한복음 11장을 본문으로 나사로의 죽음에 관한 설교를 했습니다. 설교 내용은 단순하게 사람을 위로하는 차원을 넘어서는 것이었습니다.

그는 죽음을 바라보고 함께 아파하며 눈물을 흘리신 예수님, 인간의 죄로 말미암은 죽음을 증오하며 분노하신 예수님, "내가 곧 길이요 진리요 생명"(요 14:6)이라고 가르치신 예수님을 전했습니다. 이 세상의 어그러진 모습, 아픔, 재난, 질병, 전쟁, 테러 등 모든 일의 마지막 궁극적 해결은 예수 그리스도의 부활뿐이라고 강조했습니다. 오직 부활만이 고통과 분열의 세상에 살아 있는 소망을 가져다주는 힘이라고 외쳤습니다.

살아가면서 누구라도 이 세상은 허무하고 불합리하며 슬픔으로 가득하다는 사실을 깨닫는 순간이 올 것입니다. 그때 우리가 가져야 할 자세는 무엇이며, 세상을 향해 들려주어야 할 메시지는 무엇일까요? 세상 사람들이 소망을 발견하기 어렵다고 말할 때, 진정 예수 그리스도를 가슴에 새긴 사람은 "그때 바라보아야 할 분이 계신다!"라고 외쳐야 합니다. 주위를 둘러보면 절망스러운 이야기밖에 없다고 말할 때, 우리는 예수 안에 있는 진정한 소망을 알려 주어야 합니다.

신앙을 고백하는 우리 자신도 마찬가지입니다. 내일이 보이지 않는 막막한 상황이 내 삶에 닥칠 때, 우리는 진짜 소망 되시는 예수님을 바라보고 다시금 일어나야 합니다. 이 세상에 진정 필요한 것은 예수 그리스도이기에 우리 자신에게도, 세상 앞에서도 "유일한 소망은 예수님이시다!"라고 외치는 증인이 되어야 합니다.

예수님을 만난다는 것은 실로 혁명 같은 일입니다. 어둠으로 가득한 대양에 빠진 선원들이 항구의 등대를 발견하는 일과 같습니다. 거친 광야 같은 세상을 지나는 사람들에게 영원히 목마르지 않는 생수를 공급해 주는 것, 그것이 산 소망 되시는 예수 그리스도를 나누는 일입니다. 진정한 소망 되시는 예수님을 만날 때 변화되지 못할 사람은 없습니다. 땅 위에서 살아가는 사람 가운데 예수님이 필요하지 않은 사람은 아무도 없습니다.

절대로 요동하지 않을 수 있는 이유

한때 한국에서 예수 그리스도를 향한 신앙을 공개적으로 고백해 화제가 된 인물이 있습니다. 일생을 학문에 전념하며 엄격

한 이성과 증거를 중시하는 시대의 지성인으로 불린 사람, 초대 문화부 장관을 지낸 이어령 교수입니다. 그의 삶에 예수님을 만나는 기적 같은 사건이 일어났습니다. 딸이 미국 연방 검사로 지내다가 시력을 잃어 가는 모습을 지켜보면서 그 일을 계기로 주님 앞에 무릎을 꿇었습니다.

사람들은 조소 섞인 어조로 말했습니다. 어떻게 당신 같은 지성인이 눈에 보이지도 않는 하나님을 믿을 수 있느냐고…. 그의 대답은 가슴에서 흘러나오는 진솔한 고백이었습니다.

"사람의 이해할 수 없는 그 생명의 빛, 내 딸이 본 그 생명의 빛, 예수 그리스도를 나도 보기 원합니다. 그러나 내 삶의 기적을 기대해서 예수를 믿는 것은 아닙니다. 기적이든, 물질이든, 권세든, 명예든, 건강이든 다 중요하지만 영원한 힘이 아닙니다. 단 하나 내가 진실로 믿는 것, 그것은 부활, 영원히 생명을 얻는 부활입니다."

《지성에서 영성으로》 p.150

부활 신앙을 갖게 되면 인생이 바뀝니다. 예수님의 부활을 믿는다면, 예수님이 부활의 첫 열매가 되신 것처럼 우리도 부활할 것을 정말 믿을 수 있어야 합니다.

예수 그리스도의 부활을 믿고, 내가 주님과 함께 부활할 것을 진실로 믿는 사람은 삶에 혁명이 일어납니다. 잠시 살아가는 이 땅에서의 삶이 아침 이슬처럼 사라지는 것으로 끝나지 않고 영원한 삶으로 이어진다는 것을 믿게 됩니다. 우리가 믿는 예수님과 함께 영원히 살아가는 부활의 감격 속에 매일매일 살아가게 됩니다. 이 소망을 가지면 세상은 허무와 죽음으로 끝나지 않습니다. 하나님이 창조하신 아름다운 세상, 존재하는 만물이 하나님을 찬양하는 세상으로 바뀌게 됩니다. 이 신비로운 세상에 하나님이 우리를 보내셨다는 사실, 우리를 통해 하나님이 행하실 일이 있다는 위대한 사명도 깨닫게 될 것입니다.

스스로에게 한번 물어보기를 바랍니다.

"나는 예수의 부활을 믿고 있는가? 그 부활이 나에게 새로운 생명을 심어 준 것을 믿고 있는가? 언젠가 삶의 여정을 다 마칠 때 그것이 마지막이 아니라 영원한 삶의 시작임을 진실로 믿는가?"

부활을 믿는 사람은 세상이 바뀐다 해도 흔들리지 않는 소망을 가집니다. 베드로 사도는 감격스럽게 부활의 소망을 노래합니다.

썩지 않고 더럽지 않고 쇠하지 아니하는 유업을 잇게 하시나니 곧 너희를 위하여 하늘에 간직하신 것이라 벧전 1:4

결코 쇠하지 않고, 더럽혀지지도 않으며, 사라지지도 않는, 하나님이 우리 한 사람 한 사람을 위해서 하늘에 간직하신 소망. 모든 것이 시간에 따라서 변하고 환경에 따라 달라지지만, 부활의 소망은 하나님이 우리를 위해 소중하게 간직하신 것이기에 결코 사라지지 않습니다. 하나님이 친히 간직하고 보호하신다면 이보다 더 큰 확신을 어디에서 찾겠습니까.

고난을 이겨 내게 한 비밀

죽음의 땅에서 영원한 하늘의 소망을 가진 사람들, 정말 그것을 확신하는 사람들은 어떻게 살아야 할까요? 베드로는 편지를 쓰면서 감격스럽게 외쳤습니다.

우리 주 예수 그리스도의 아버지 하나님을 찬송하리로다 벧전 1:3

베드로의 첫인사는 하나님을 향한 놀라운 감격으로 드리는 찬양이었습니다. 그러나 사실 베드로의 편지를 읽는 당시 사람들은 하나님을 찬송할 만한 형편이 되지 못했습니다. 그의 편지를 받는 수신자들이 누구인가요?

예수 그리스도의 사도 베드로는 본도, 갈라디아, 갑바도기아, 아시아와 비두니아에 흩어진 나그네 벧전 1:1

교통수단이 없던 시대에 도보로 몇 달이 걸릴지 모르는 거리에 흩어져 살고 있던 사람들, 성경은 그들을 가리켜 "흩어진 나그네" 혹은 "외국인"으로 표현하고 있습니다. 1세기 당시 그들의 처지가 어떠했는지를 잘 보여 줍니다. "나그네"의 헬라어 '파레피데모스'는 거주하는 땅에서 시민권을 소유하지 못한 사람, 즉 외국인처럼 취급받는 사람을 가리킵니다. 그 땅에 살고 있지만 시민으로서의 권리와 특권을 전혀 누리지 못하는 사람입니다. 그들은 주로 로마에서 예수님을 믿게 되었고, 로마제국의 핍박을 피해서 온 사람들일 것이라고 추측합니다. 그들을 향해서 베드로 사도가 말합니다.

"여러분, 하나님을 찬송하십시오. 살아가는 순간순간 고통에 사로잡힐지라도, 아침에 눈을 뜰 때부터 조롱과 핍박이 우리를 에워싼다 할지라도, 심지어 순교의 피가 우리 주위에 쏟아진다 할지라도 기뻐하며 하나님을 찬송하십시오."

왜 그렇습니까? 우리에게는 살아 있는 소망, 예수 그리스도의 부활의 소망이 있기 때문입니다. 땅 위의 고통스러운 나그네 삶이 다 지난 다음, 영광스러운 주님을 만날 날이 다가올 것이기 때문입니다.

그들이 흩어져 살았던 지역 가운데 '갑바도기아'가 있습니다. 튀르키예의 순례지를 방문하면 주로 찾는 곳이 갑바도기아입니다. 로마 시대 기독교 박해가 극심할 때 신자들이 바위를 뚫고 그 안에 집을 짓고 250년 동안이나 숨어 살던 곳입니다. 하늘의 태양

매일 소망

도 제대로 보지 못한 채 어두운 토굴에서 살았던 그들을 생각하면 두 가지 질문이 떠오릅니다.

하나는 "어떻게 이토록 열악한 곳에서 그 긴 세월을 살 수 있었을까?"입니다. 토굴에 들어가면 벽에 그려 놓은 많은 그림을 보게 됩니다. 그중 대다수는 예수님의 십자가와 부활에 대한 그림입니다. 십자가를 지신 예수 그리스도로 말미암아 생명을 얻게 된 것을 감사하면서 예수님의 부활을 믿고, 주님의 재림을 기다리며, 주님을 만날 날을 소망하는 믿음, 그 확고한 신앙이 모든 고난을 이겨 내게 한 비밀이었습니다.

또 하나의 질문은 "그들이 어떻게 예수님을 믿게 되었을까?"입니다. 복음이 시작된 예루살렘에서 튀르키예까지는 비행기로도 세 시간이나 걸리는 장거리입니다. 당시 광야 같은 험한 길로 이동하려면 적어도 몇 달이 걸렸을 것입니다.

갑바도기아라는 지명은 사도행전과 베드로전서 두 곳에 등장합니다. 사도들이 오순절에 성령의 역사를 체험했을 때, 이방인들 중 갑바도기아에서 온 사람들이 있었습니다(행 2:9). 그들도 예수님의 십자가와 부활에 대한 복음을 들었습니다. 부활로 생겨난 하늘의 산 소망은 가슴속에 간직할 수 있는 것이 아닙니다. 내 인생을 송두리째 바꾸어 놓을 뿐 아니라 누군가에게 전하지 않고는 견딜 수 없는 열망을 불러일으킵니다. 그들은 영원한 생명에 대한 감격을 가슴에 품고 그 먼 거리를 달려가서 목숨을 걸고 이 복음을 전한 것입니다.

소망의 사람, 바로 그리스도인

하나님의 사랑받는 백성이 된다고, 하늘 소망으로 충만해 살아간다고 해서 땅 위의 삶에서 핍박이 사라지는 것은 아닙니다. 예수를 따라가는 순간부터 오히려 고난과 핍박의 삶은 더 깊어집니다. 여전히 고난 속에 나그네 인생을 살아가지만 하나님 앞에 믿음으로 살아 내는 사람들, 그들이 베드로의 눈에는 얼마나 고귀한지 그의 칭찬에 잘 나타나 있습니다.

> 곧 하나님 아버지의 미리 아심을 따라 성령이 거룩하게 하심으로 순종함과 예수 그리스도의 피 뿌림을 얻기 위하여 택하심을 받은 자들에게 편지하노니 은혜와 평강이 너희에게 더욱 많을지어다 벧전 1:2

삼위일체 하나님이 창세 전부터 선택하시고 예수 그리스도의 희생으로 구원을 얻은 사람들, 성령으로 인하여 거룩하신 하나님의 백성으로 부름 받은 사람들, 모진 핍박을 받고 세상에서 모든 불이익을 당하며 변두리 인생처럼 살아야 했지만 하나님을 향한 거룩한 믿음으로 하루하루 살아 냈던 사람들, 핍박과 고난의 삶 속에서도 오직 하나님의 이름과 맡겨 주신 사명을 위해 인생을 불태웠던 사람들.

오늘날에는 누가 이런 사람들일까요? 땅 위에 발을 딛고 서 있지만 하늘에 시민권이 있는 사람들, 땅 위에서 호흡하고 있지만 세상 앞에 무릎 꿇지 않는 사람들, 지상의 삶에 최선을 다하지만 어느 것에도 얽매이지 않고 오직 하늘을 향해 살아가는 사람들. 이런 사람들을 두고 우리는 고귀한 이름 '그리스도인'이라고 부릅니다.

하늘의 소망을 향해 살아가는 사람은 진정한 자유와 평안을 누립니다. 가진 것이 없다 해도 가난하지 않으며, 세상의 인정이 없다 해도 세상의 박수에 목말라하지 않습니다. 예수 그리스도를 소유한 사람은 모든 것을 얻었으며, 예수님이 알아주신다면 세상이 사라져도 여전히 기뻐할 수 있는 사람입니다. 세상이 우리를 이상하게 여긴다 해도 문제 될 것이 하나도 없습니다. 오히려 땅 위의 삶이 전부인 것처럼 세상에 뿌리를 내리고 세상을 누리다가 인생을 끝내려는 게 문제입니다.

이집트의 목회자들을 섬기면서 가장 많은 은혜를 받은 사람은 저 자신이었습니다. 언어가 다르고 문화가 달라도 한 하나님을 믿는 것이 무엇인지를 확인할 때마다 가슴에 전율이 흘렀습니다. 국교가 이슬람교인 이집트에서 개신교인은 전 국민의 1퍼센트밖에 되지 않습니다. 그리스도인으로 살아가기가 얼마나 고되고 힘들었을까요. 그것을 알기에 제가 강의 도중에 반복해서 물어본 질문이 있습니다.

"예수 그리스도를 유일한 주님으로 믿고 있습니까? 언젠가 세상을 떠나는 날 주님 앞에 설 것을 믿고 있습니까?"

그들은 질문마다 "아멘!"이라고 크게 대답했습니다. 우리도 좋아하는 찬송 "주 하나님 지으신 모든 세계"(새찬송가 79장)를 부를 때, 특히 마지막 절은 모두 기립해서 두 손을 들고 감격스럽게 찬양했습니다. 입술에서 나오는 찬양이 아니라 가슴에서 터져 나오는 신앙 고백이었습니다.

> 내 주 예수 세상에 다시 올 때 저 천국으로 날 인도하리
> 나 겸손히 엎드려 경배하며 영원히 주를 찬양하리라
> 주님의 높고 위대하심을 내 영혼이 찬양하네
> 주님의 높고 위대하심을 내 영혼이 찬양하네

핍박과 차별의 땅에서 나그네처럼 살아가는 그들의 뺨을 타고 흐르는 눈물을 보면서 이 극심한 고난 속에서 그들을 지탱해 주는 비밀이 무엇인지 다시 보게 되었습니다. 언젠가 역사의 어둠을 뚫고 다시 오실 예수님, 언젠가 그들이 세상을 떠날 때 만나게 될 주님, 그 주님을 향한 소망이 그들을 붙드는 힘이었습니다.

부활 소망 가슴에 새기고 하늘 기쁨을 누리자

베드로 시대나 오늘이나 마찬가지입니다. 예수님의 부활이 나의 산 소망이 된 사람은 다르게 살아갑니다. 내 생각대로 펼쳐지지 않는 상황일지라도 우리는 소망 없는 땅에서 산 소망 되시는 예수님을 바라보며 찬양할 수 있습니다. 고난에 대한 해석이 달라지기 때문입니다.

> 그러므로 너희가 이제 여러 가지 시험으로 말미암아 잠깐 근심하게 되지 않을 수 없으나 오히려 크게 기뻐하는도다 벧전 1:6

그리스도 안에서 한 형제요 자매 된 사랑하는 성도들을 향한 베드로의 애틋한 마음이 느껴지는 구절입니다. 많은 어려움 때문에 아파하고 눈물도 흘리지만 고통 가운데서도 기뻐할 수 있는 이유는 영원한 소망 되시는 예수 그리스도가 우리 심장에 새겨져 있기 때문입니다. 이 소망은 절대로 사라지지 않습니다.

> 너희 믿음의 확실함은 불로 연단하여도 없어질 금보다 더 귀하여 예수 그리스도께서 나타나실 때에 칭찬과 영광과 존귀를 얻게 할 것이니라 벧전 1:7

소망을 붙들고 살아가는 사람들에게 베드로는 약속이 있다고 말합니다. 언젠가 주님이 오시는 날, 그 영광스러운 날에 칭찬, 영광, 존귀의 면류관이 기다리고 있을 것이라고 이야기합니다. 고난과 아픔 속에서도 주님을 찬양할 수 있는 진정한 이유가 여기에 있습니다.

새찬송가 413장 "내 평생에 가는 길"의 작시자 호레이쇼 스패포드(Horatio G. Spafford)는 1860년대 시카고의 로펌 대표이자 시카고 의과대학 법리학 교수였습니다. 그의 삶은 참으로 아픔의 연속이었습니다. 그가 43세 때 하나밖에 없는 아들이 급성 전염병으로 세상을 떠났습니다. 안정이 필요한 그들 부부는 1873년 네 딸을 데리고 영국으로 휴가를 가기로 했습니다. 그러나 배가 출발하기 전 스패포드에게 급한 일이 생겨 아내와 네 딸만 여객선에 몸을 실었습니다. 그런데 그들이 타고 있던 여객선이 철선(鐵船)과 충돌하면서 네 딸을 포함해 226명이 목숨을 잃는 대형 사고가 발생했습니다. 스패포드는 네 딸이 수장된 대서양 침몰 지점에서 고통스런 마음으로 바다를 바라보며 절규했습니다.

"하나님, 어찌 이런 일이 나에게 일어날 수 있단 말입니까?"

그때 하나님이 깊은 평온 속에 그에게 찾아오셨습니다. 그때 쓴 글이 바로 "내 평생에 가는 길" 가사입니다.

내 평생에 가는 길 순탄하여 늘 잔잔한 강 같든지
큰 풍파로 무섭고 어렵든지 나의 영혼은 늘 편하다

내 영혼 평안해 내 영혼 내 영혼 평안해 1절

저 공중에 구름이 일어나며 큰 나팔이 울릴 때에
주 오셔서 세상을 심판해도 나의 영혼은 겁 없으리
내 영혼 평안해 내 영혼 내 영혼 평안해 4절

하나뿐인 아들과 네 딸을 모두 잃은 상황에서 그가 믿은 하나님은 어떤 분이시기에 이런 찬양이 나오게 하셨을까요? 극심한 고통 속에서 "내 영혼 평안해"를 읊조릴 수 있는 사람은 어떤 사람일까요?

내 삶에 어떤 상황이 펼쳐진다 해도 전능하신 하나님이 내 손을 이끌고 계신다는 것, 내 소망 되신 예수 그리스도가 나와 함께 계신다는 것, 이 아픔의 한복판에서 주님도 나와 함께 눈물을 흘리며 내 손을 붙들고 계신다는 것, 그리고 언젠가 땅 위의 아픔과 고난의 삶이 끝나는 날 영화로운 순간에 주님을 만나리라는 것, 바로 이 소망을 가진 사람만이 할 수 있는 위대한 고백입니다.

자기 자신에게 물어보기 바랍니다.

"나에게는 이 위대한 소망이 있는가? 땅 위에서 살아가는 동안 내 인생을 지탱해 줄 수 있는 진정한 소망이 있는가?"

예수님 안에서 누리는 하늘의 소망은 막연한 관념이 아닙니다. 어떠한 아픔과 고난이 앞을 가려도 이 소망 하나만 있으면 다시 일어날 수 있습니다.

수천 년이 지난 이집트 왕들의 미라를 보면서 이런 생각을 했습니다.

'저렇게 화려하게 만든 왕의 미라도 세월이 흐르면 형체가 일그러지는데 우리 모습은 얼마나 더 보잘것없을 것인가?'

아무런 소망 없이 허무와 죽음으로 끝나는 땅 위의 삶에, 썩어 없어질 우리를 위해 하나님이 행하신 놀라운 생명의 역사를 생각하니 진정한 감사와 찬양이 터져 나왔습니다.

다시 한번 자신에게 물어봅시다.

"예수 그리스도가 정녕 나의 산 소망이시라면 그 소망을 누리며 살아가고 있는가? 매일 아침을 맞이할 때 그 감격과 설렘으로 눈을 뜨고 있는가? 만나는 사람마다 그 소망의 비밀을 간직한 사람다운 확신을 보여 주고 있는가?"

이 소망을 가슴에 새기면 살아 있는 날 동안 허무와 죽음으로 끝나는 땅 위의 삶 속에서도 하늘의 기쁨을 누릴 수 있습니다. 세상을 떠날 때 막연한 죽음이 아니라 하늘의 평강을 노래하며 영원한 생명의 첫 걸음을 내딛는 감격이 시작됩니다.

많은 어려움 때문에 아파하고 눈물도 흘리지만

고통 가운데서도 기뻐할 수 있는 이유는

영원한 소망 되시는 예수 그리스도가

우리 심장에 새겨져 있기 때문입니다.

이 소망은 절대로 사라지지 않습니다.

2

내가 너와 영원히 함께, 소망

하나님을 위해 타협 없이

세상에 당당히 서는 사람,

하나님 앞에 신앙의 절개를 지키는 사람,

그렇게 하지 아니하실지라도

여전히 묵묵하게 달려가는 사람을 통해

하나님의 이름이 온 세상에서 높임을 받을 것입니다.

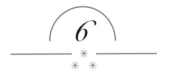

6

세상을 바꾸는 하나님의 사람들

1517년 10월 31일, 마르틴 루터(Martin Luther)는 비텐베르크 예배당 정문에 95개 반박문을 붙였습니다. 가톨릭의 잘못된 가르침을 향해 던진 영적 선전 포고였습니다. 그 후 3년 6개월 가까운 시간이 흘렀습니다. 1521년 4월 17일, 루터는 보름스에서 신성로마제국 황제 카를 5세(Karl V) 앞에 섰습니다. 심문관이 루터에게 묻습니다.

"그대가 쓴 글 가운데 취소할 부분이 있는가?"

루터는 하루의 시간을 달라고 부탁합니다. 사람들은 걱정하기 시작합니다. '혹시 루터가 죽음의 위협 앞에 굴복하지는 않을까?' 다음 날 루터가 던진 고백, 그 마지막 한마디는 500년이 흘러 오늘까지도 우리의 가슴을 울립니다.

"성경의 증거와 명백한 이성에 비추어 나의 유죄가 증명되지 않는 한, 나는 교황과 공의회의 권위를 인정하지 않겠습니다. 나의 양심은 하나님의 말씀에 사로잡혀 있습니다. 나는 취소할 수도 없고, 취소하지도 않을 것입니다. 양심에 반하는 행동은 지혜로운 일도 아니요, 안전하지도 않습니다. 저는 여기에 서 있습니다. 달리 행동할 수 없습니다. 하나님, 저를 도와주소서."

루터의 위대한 고백은 죽음을 각오해야 가능한 것이었습니다. 종교개혁은 하나님의 말씀에 생명을 걸었던 사람들이 피로써 시작했고, 삶으로 완성시킨 진리의 승리였습니다. 종교개혁가들은 성경을 하나님의 절대적 진리의 말씀이라 믿었고, 예수 그리스도만이 유일한 구원의 길이라고 외쳤던 전사들입니다. 우리는 오늘 그 자랑스러운 개혁가들의 후예로 서 있습니다.

목숨 걸고 진리를 외칠 하나님의 사람, 어디 있는가

오늘날 이 시대는 새로운 종교개혁을 필요로 합니다. 한국도, 미국도, 온 세상도 하나님을 하나님 되게 하는 종교개혁이 절실합니다. 오직 성경을 절대 진리로 믿는 하나님의 사람들이 시대정신을 거슬러 성경정신으로 무장하고 일어나야 할 때입니다. 이 시대는 그런 사람을 요구합니다. 영적인 어둠을 박차고 일어나 생명을 걸고 진리를 외칠 하나님의 사람을 기다립니다.

2024년 파리 올림픽 개막식 때 어떤 일이 일어났는지 기억합니까? 온 세상 사람이 다 지켜보는 가운데 드래그 퀸(여장 남자)들이 나와서 예수님의 최후의 만찬을 조롱하듯 패러디한 사건이 있었습니다. 이슬람교나 타 종교를 이렇게 조롱하는 일은 절대로 일어나지 않았을 것입니다. 이 시대 기독교는 이처럼 조롱의 대상이 되고 있습니다. 하나님이 창조하신 인간이 감히 창조주 하나님을 거부하고 마음대로 조롱하는 시대가 되었습니다.

더욱 믿기지 않는 일도 있었습니다. 파리 올림픽에서 유도 챔피언이 기독교 신앙을 표현했다는 이유로 5개월 자격 정지 처분을 받았습니다. 세르비아 선수 네마냐 마이도프(Nemanja Majdov)가 경기장에 입장할 때 십자가 성호를 그었기 때문입니다. 그는 인터뷰에서 이렇게 말했습니다.

"주님은 저에게 1순위이시며, 저는 그것을 자랑스럽게 생각합니다. 어떤 상황에서도 그 사실은 변하지 않을 것입니다."

예수님을 조롱하는 행위는 개막식 때 환호를 받지만 예수님을 높이는 신앙은 자격 정지를 가져오는 모습이 오늘 우리 눈앞에서 일어나는 현실입니다. 하나님을 대적하는 목소리는 들불처럼 온 세상을 태우고, 하나님을 경외하는 사람들은 무시를 넘어 차별을 받는 시대가 되었습니다. 정말 심각한 것은 이런 문화가 안방까지 침투해 들어와서 우리 아이들의 눈과 마음을 자연스럽게 물들이고 있다는 사실입니다.

참으로 감사한 일은 이런 반기독교적 운동이 문화와 스포츠라는 이름으로 세상을 뒤덮을 때 쓰나미 같은 문화의 물결을 거부하며 일어난 사람들이 있다는 사실입니다. 미국의 시 스파이어(C Spire)라는 통신 기술 회사는 파리 올림픽 때 준비했던 광고를 취소했습니다. 이는 엄청난 재정 손실을 감수하고 기업 이미지의 실추를 감내해야 하는 일이었습니다. 다음은 이 회사가 광고를 중단하며 발표한 성명서입니다.

"시 스파이어는 올림픽에 참가하기 위해 열심히 노력한 우리 선수들을 지지합니다. 하지만 최후의 만찬에 대한 공격적이고 용납할 수 없는 조롱에 동참할 수는 없습니다. 이것이 올림픽에서 광고를 중단하는 이유입니다."

오늘날 우리를 향해 거대한 세속주의의 파도가 폭풍처럼 거세게 밀려오고 있습니다. 가장 강력한 세속화의 물결 가운데 하나가 젠더 이슈입니다.

미국 뉴욕주에서는 성을 구분할 때 남자와 여자만 있는 것이 아닙니다. 공식적으로 30개 이상의 성을 인정하고 있습니다. 젠더플루이드(Genderfluid), 즉 '유동하는 성'이라고 해서 매일 자기가 원하는 대로 성을 바꿀 수 있습니다. 아침에는 여자가 되고, 오후에는 남자가 되고, 자신이 원하면 동물이 될 수도 있습니다. 미국의 공립학교에서 한 아이가 교실에 변을 본 일이 있었습니다. 자신을 고양이라 생각해 아무 곳에나 볼일을 본 것입니다. 문제는 이런 상황에 교사가 제대로 훈육할 수 없다는 것입니다.

미국뿐 아니라 많은 나라에서 이런 일이 일어나고 있습니다. 성 정체성을 고민하는 아이들에게 부모가 개입해서 올바른 성에 대해 가르치는 것을 불법이라 여기고 가로막는 시대가 되었습니다. 아직 자아가 형성되기도 전에, 자신의 삶에 대하여 분별할 수 있는 능력이 갖추어지기도 전에 아이가 성을 바꾸고 싶다고 하면 호르몬 주사를 맞히는 상황인데, 문제는 부모도 모르게 이런 일이 일어나고 있다는 것입니다.

왜 이토록 성에 대하여 집요할 정도로 해방을 부르짖는 것일까요? 성 정체성을 무너뜨리는 것은 단순히 젠더 이슈로 끝나지 않습니다. 하나님의 창조 가운데 결코 바꿀 수 없는 것이 남자와 여자라는 성입니다. 하나님의 창조 원리를 바꾸는 것은 단순한 성의 문제가 아닙니다. 하나님을 거부하는 마지막 대적입니다.

미국과 다른 나라의 이야기가 아닙니다. 이제 한국도 동성 결혼을 인정하는 시대가 되었습니다. 차별금지법을 합법화하려는 목소리가 들려오고 있습니다. 한국도, 미국도, 온 세상이 하나님을 대적하는 문화로 치닫고 있습니다. 사람들은 21세기의 새로운 영적 바벨탑을 쌓고 하나님을 중심에서 제거하고 있습니다.

이런 모습을 지켜보시는 하나님의 얼굴을 생각해 보십시오.

사람을 지으시고 너무나 행복한 미소를 지으셨던 하나님이 아니십니까. 하나님을 대적하는 사람들이 하나님 자리를 차지하고 광란의 노래를 부를 때 찢겨 나가는 하나님의 가슴과 피눈물 흐르는 하나님의 눈을 생각해 보십시오.

누가 이 하나님의 가슴을 품고 이 시대를 향해 올바른 가치관을 외칠까요? 우리 하나님의 눈에 흐르는 아픔의 눈물을 보라고, 아주 잠시라도 걸음을 멈추고 자신의 깊숙한 양심의 소리에 귀를 기울여 보라고, 참으로 고결한 인간의 모습이 무엇인지 생각해 보라고, 우리를 그토록 사랑하시는 하나님의 고통스러워하시는 심장 소리를 들어 보라고 외칠 사람은 과연 누구일까요?

무너져 가는 이 시대에 하나님이 기대하시는 세상의 꿈을 품고, 온 세상이 하나님을 경외하고 하나님의 이름을 찬양할 영광스러운 날을 소망하며 묵묵하게 나아갈 사람, 하나님은 그런 사람을 찾고 계십니다.

하나님을 대적하는 세상과 충돌하라!

다니엘서에는 하나님 앞에 신앙의 절개를 지키기 위해 죽기를 각오한 사람들이 나옵니다. 사드락과 메삭과 아벳느고입니다. 이 이야기는 지금으로부터 약 2,600년 전 바벨론에서 일어난 사건입니다. 바벨론은 지금의 중동, 아프리카, 인도까지 지배했던 대제국입니다. 이 거대한 제국을 완성한 왕이 느부갓네살입니다. 그는 하나님의 나라 유다까지 멸망시키고 다니엘과 세 친구를 포로로 잡아갔습니다.

다니엘과 세 친구는 비록 포로 신세였지만 왕이 베푼 호의로 평탄한 삶을 살았습니다. 그런 그들에게 어느 날 고난의 바람이 불기 시작합니다. 느부갓네살왕이 금으로 만든 신상을 세웁니다. 너비가 3미터, 높이가 30미터나 되는 거대한 우상입니다. 왕은 바벨론을 다스리는 모든 관리를 불러 모읍니다. 수많은 관리가 줄을 지어 섰고 궁중의 악사들이 모든 악기를 대동했습니다. 그때 왕의 명령이 들려옵니다.

"모두 금 신상 앞에 엎드려 절하라. 절하지 아니하는 자는 즉시 맹렬히 타는 풀무 불에 던져 넣어 죽이리라."

천지를 울리는 음악 소리와 함께 참석한 모든 사람이 금 신상 앞에 무릎을 꿇고 절하기 시작합니다. 하나님만 받으셔야 할 경배를 버리고 우상 앞에 엎드려 절했습니다. 마치 세상 모든 사람이 하나님을 저버리고 우상 앞에 무너지는 듯한 순간입니다.

이때 우상 앞에 절하지 않은 세 사람이 있었습니다. 사드락과 메삭과 아벳느고입니다. 하나님 한 분 외에는 누구에게도 절하지 않겠다는 믿음의 사람들입니다. 이렇게 신앙의 절개를 지키려면 핍박이 다가옵니다. 사람들이 그들을 참소했습니다.

　　　　　　　　매일 소망

이제 몇 유다 사람 사드락과 메삭과 아벳느고는 왕이 세워 바벨론 지방을 다스리게 하신 자이거늘 왕이여 이 사람들이 왕을 높이지 아니하며 왕의 신들을 섬기지 아니하며 왕이 세우신 금 신상에게 절하지 아니하나이다 단 3:12

왕은 분노했습니다. 포로로 잡혀 온 처지임에도 높은 관직을 베풀었는데 금 신상에게 절하지 않았던 세 사람, 이는 왕의 권위에 대한 도전이나 마찬가지였습니다. 평소 그들의 충정을 잘 아는 왕은 묻습니다.

"사드락과 메삭과 아벳느고야, 너희가 정말 절하지 않았느냐? 이제라도 음악이 울리거든 절하라. 그러면 내가 살려 주겠다. 그렇지 않는다면 너희를 내 손에서 건져 낼 신이 없을 것이다."

세 친구는 왕의 명령에 순종해야 했습니다. 그것이 포로 된 신분으로 마땅히 해야 할 일이요, 자신들을 살려 주려고 호의를 베푼 왕에 대한 예의요, 살아서 내일을 맞이할 수 있는 유일한 길이었습니다. 죽느냐 사느냐의 갈림길에서 세 사람의 대답은 확고했습니다.

사드락과 메삭과 아벳느고가 왕에게 대답하여 이르되 느부갓네살이여 우리가 이 일에 대하여 왕에게 대답할 필요가 없나이다 단 3:16

죽기를 각오하고 절하기를 거부하는 세 사람, 오직 하나님 한 분을 믿는 신앙으로 우상에게 무릎을 꿇지 않고 당당하게 서 있는 세 사람에게 사람들은 이렇게 물을 것입니다.

"굳이 이렇게까지 해야 하는가? 절 한 번 한다고 신앙이 사라지는 것도 아닌데."

세 사람은 무엇이라 말할까요?

"우리도 잘 압니다. 그러나 우리가 무릎을 꿇을 수 있는 주군은 오직 하나님 한 분밖에 없습니다."

'타협'이란 이름이 사람들에게는 너무나 지혜롭게 보입니다. 기독교에서 '유일'이나 '절대'라는 말을 제거해 버리면, 세상에서 가장 안전한 종교가 될 것입니다. "남을 자신보다 더 귀하게 여겨라. 겉옷을 달라 하면 속옷까지 주라" 등 이보다 더 고결한 종교와 철학과 윤리가 세상 어디에 있겠습니까? 그런데 왜 기독교가 이 시대에 조롱과 비판의 대상이 되고 있습니까?

"나는 진화론이 아니라 하나님이 세상을 창조하셨다는 사실을 믿습니다!"

이런 위대한 고백 때문에 폭격처럼 비판을 받는 시대, 하나님을 향한 절대적인 신앙 때문에 조롱을 받는 시대가 되었습니다. 세상을 끌고 가는 이런 시대정신 앞에서 우리가 보아야 할 얼굴이 있습니다. 우리를 지켜보시는 하나님의 얼굴입니다. 하나님을 거부하는 이 시대 사람들 앞에 우리가 들려주어야 할 소리가 있습니다.

"하나님은 여전히 우리를 사랑하십니다! 하나님은 우리를 향한 원대한 계획을 가지고 계십니다!"

우리는 외쳐야 합니다. 하나님이 만드신 온 세상이 하나님을 알고 하나님을 경외하는 날이 오기를 기대하고 있다고 부르짖어야 합니다.

지금은 '타협'이라는 안락의자에 앉아 영적인 잠을 잘 때가 아닙니다. '조용히 내 할 일을 하리라' 하고 침묵의 잔을 마실 정도로 평온한 때도 아닙니다. 하나님을 거스르는 이 시대를 거절하고 세상과 타협하는 닻줄을 끊을 때입니다. 적당한 신앙으로 홀로서기 하는 무관심의 강둑을 터뜨릴 때입니다. 하나님의 이름이 높임을 받는 세상, 온 세상에 하나님의 사랑이 스며드는 날을 소망하며 한마음으로 일어나야 할 때입니다.

오늘과 같은 어두운 영적 시대를 향해 토저(A. W. Tozer) 목사가 피를 토하는 심정으로 쓴 책이 있습니다. 바로 《세상과 충돌하라》이고, 부제목은 "세상과 동행할 것인가, 성령님과 동행할 것인가?"입니다. 토저는 이렇게 말합니다.

"적당히 타협하며 편하게 살고 있는가? 하나님은 그 편한 길을 철저히 반대하신다! 세상과 불화하라. 겁먹지 말고 당당히 맞서라! 그리스도인들이여, 무릎 꿇고 세상을 흉내 내지 말라!"

그렇습니다. 동성애 세력도, 반기독교 세력도 당당하게 자신을 드러내는데 그리스도인들은 너무나 조용히 지켜보는 시대가 되었습니다.

자신에게 질문해 보기 바랍니다.

"나는 신앙 때문에 세상에서 배척당하는 것을 두려워하지 않는가? 세상에서 그리스도인이라는 이유로 외면당하는 것이 부담스러워 너무나 소심하게 살아가고 있지는 않은가?"

토저는 '침묵'이라는 이름에 신앙을 파묻어 버리는 우리를 향해 외칩니다.

"이 시대 그리스도인들이여, 하나님을 대적하는 시대정신에 맞서라! 세상과 충돌하라!"

종교개혁주일이었던 2024년 10월 27일, 한국 교회의 많은 교단은 "악법 저지를 위한 2백만 연합예배&큰 기도회" 참석을 결의했습니다. 우리나라 기독교 역사에 이토록 한마음으로 연합한 적이 없었습니다. 하나님이 이처럼 한마음으로 동참하게 하시는 데는 이유가 있습니다. 그만큼 현재 상황이 영적 위기요, 무너져 가는 한국 사회에 대한 긴급함을 보여 주는 것입니다.

어떤 사람들이 집회에 참석했을까요? 하나님이 세상 역사를 주관하심을 확실하게 믿는 사람, 하나님이 세상을 변화시키는 유일한 소망이심을 믿는 사람들입니다. 수많은 인파에 파묻혀 자신의 기도 소리조차 들을 수 없는 상황이지만 세미한 음성까지도 귀

기울여 들으시는 하나님을 향해 간곡한 마음으로 기도했습니다.

"하나님, 조국 교회를 불쌍히 여겨 주십시오. 하나님을 경외하는 세상이 이 땅 가운데 펼쳐지게 하소서. 하나님이 창조 때 꿈꾸셨던 그 아름다운 나라가 오게 하소서."

하나님을 절대적으로 믿는 신앙

우리는 다니엘의 세 친구에게 물어보아야 합니다.

"당신들의 신앙은 어떠하기에 죽음을 불사하고 이처럼 위대한 고백을 하게 되었나요?"

그들의 가슴에는 하나님 한 분을 향한 확실한 신앙이 있었습니다. 머리와 가슴에 새겨진 신앙이 아니라 그들의 손과 발, 인생 전체를 움직이는 신앙 고백이 있었습니다.

> 왕이여 우리가 섬기는 하나님이 계시다면 우리를 맹렬히 타는 풀무 불 가운데에서 능히 건져 내시겠고 왕의 손에서도 건져 내시리이다
> 단 3:17

믿음이 무엇입니까? 세상이 다 하나님을 배격해도 하나님을 나의 주군으로 믿고 그 믿음대로 내 삶을 살아가는 것입니다. 사드락과 메삭과 아벳느고는 천지를 창조하신 하나님을 향한 절대

적인 믿음을 가진 사람들이었습니다.

오늘날 하나님의 사람들에게 절실히 필요한 것이 이 믿음입니다. 그냥 믿음이 아니라 살아 계신 하나님, 역사를 주관하시는 하나님을 절대적으로 믿는 확실한 신앙입니다. 풀무 불 가운데서도 건져 내시는 하나님을 믿는 것은 신념 같은 확신으로는 불가능합니다. 내 전부를 드려 만물의 창조주 하나님, 전능하신 하나님을 진정으로 신뢰할 때 나올 수 있는 고백입니다. 오늘날 하나님은 이런 신앙의 사람을 찾고 계십니다.

중국 선교지에서 섬겼을 때입니다. 여러 지하교회를 순회하며 젊은이들에게 말씀을 가르쳤습니다. 도문이라는 지역을 방문하기 전에 연길에서 한 조선족 집사님 댁에 머물 기회가 있었습니다. 집사님 부부가 참 감동적인 이야기를 들려주었습니다.

도문의 교회를 인도하는 분이 여자 청년입니다. 그 자매가 그 시골 마을로 들어가기 전에 집사님 댁에 사흘 동안 머물렀다고 합니다. 비슷한 또래의 딸을 둔 집사님은 이름도 잘 모르는 생소한 농촌 마을에 들어가서 교회를 세우겠다는 자매가 걱정이 되어서 물었습니다.

"너 정말 가서 교회를 세우려 하니? 두렵지 않니?"

자매의 대답은 확고했습니다.

"하나님이 함께하심을 믿기 때문에 두렵지 않습니다."

그녀에게 믿음은 관념이 아니라 삶을 움직이는 실체였습니다.

매일 소망

몇 시간 차를 타고 이동해 자매가 섬기는 교회를 방문했습니다. 청년들 일곱 명이 교회에서 공동체 생활을 하고 있었습니다. 자매의 간증을 듣고 놀라웠습니다. 처음에 농촌 마을에 들어왔을 때 사람들이 그녀를 경계하면서 잘 접근하지 않았습니다. 중국은 시골에 청년이 없습니다. 모두 도시로 떠나는데 젊은 청년이 시골에 온 것을 보고 '혹시나 정부에서 보낸 감시자 혹은 강 건너 북한에서 보낸 사람이 아닌가?' 하고 모두가 조심스러워했습니다.

자매는 1년 동안 아무 말 없이 시골 사람들의 일을 열심히 도왔습니다. 1년이 지나자 사람들은 "하나님이 우리 마을에 천사를 보내 주셨다"며 그녀를 너무나 반갑게 맞이했습니다. 그때부터 복음을 전하기 시작했고 주위에 청년들이 모여 교회가 탄생했습니다. 청년들은 함께 공동체 생활을 하며 말씀을 읽고 기도했으며, 생활을 위해 수를 놓는 일을 했습니다.

며칠 후에 자매를 파송한 선교사님을 만나게 되어 상세한 이야기를 들었습니다. 그 마을에 교회를 세우고자 지원자를 찾았는데 그 자매가 자원했답니다. 선교사님은 두 달 치의 생활비와 시골 주소가 적힌 종이 한 장을 손에 쥐여 주고 자매를 파송했습니다.

"하나님이 함께하심을 믿기 때문에 두렵지 않습니다."

살아 계신 하나님을 믿는 믿음이란 이런 것입니다. 이 믿음을 통해 전능하신 하나님이 역사하십니다. 오늘날 우리에게 필요한 것이 이런 믿음입니다. 세상 변혁의 소망은 이 믿음을 가진 사람들을 통해 하나님이 친히 이루어 가실 것입니다.

그리 아니하실지라도 나의 하나님

하나님 앞에서 살아간 믿음의 세 사람을 떠올려 보십시오. 그들은 하나님을 향한 절대적인 믿음을 가졌지만 하나님을 시험대 위에 올려놓지 않았습니다.

그렇게 하지 아니하실지라도 왕이여 우리가 왕의 신들을 섬기지도 아니하고 왕이 세우신 금 신상에게 절하지도 아니할 줄을 아옵소서

단 3:18

그들의 고백이 무엇입니까?

"왕이여, 하나님이 우리를 건져 내실 것입니다. 그러나 그렇게 하지 않으셔도, 우리를 죽음에 내버려 두신다 해도 우리는 우상에게 절할 수 없습니다."

신앙 고백은 위대하지만 그들을 기다린 것은 죽음의 풀무 불이었습니다. 주님을 제대로 따라가려면 희생을 각오해야 합니다. 하나님을 잘 모를 때는 주님을 위해 받는 고난을 불편하게 여깁니다. 그러나 우리를 위해 십자가에 피 흘리신 예수를 만나는 순간, 우리의 시간, 물질, 생명을 다 드린다 해도 그것은 희생이 아

니라 영광스러운 특권이 될 것입니다.

신앙의 여정 가운데 하나님이 '그렇게 하지 않으실' 때가 얼마나 많습니까? 내가 주인인 사람은 이런 상황에서 불평과 원망을 쏟아 놓습니다. 하나님이 주인이신 사람은 상황과 환경에 관계없이 감사가 터져 나옵니다.

제가 섬기는 교회 성도님들 가운데 사업이 어려워져서 비즈니스를 닫으면서 폐업 예배를 하나님께 드린 분이 있습니다. 개업 예배를 드리는 경우는 많이 있지만 폐업 예배를 드리는 것은 흔하지 않습니다. 오늘까지 하나님의 은혜로 사업을 해 왔지만, 이렇게 생각처럼 되지 않은 것도 하나님의 은혜라며 폐업 예배를 드리는 모습을 보고 '주님이 얼마나 자랑스러워하실까' 하는 생각이 들었습니다. 그리 아니하실지라도 주님은 나의 하나님이십니다. 이것이 바로 세상을 이기는 믿음입니다.

왕의 호의에도 불구하고 하나님 앞에 신앙의 절개를 지킨 세 사람을 지켜본 왕은 분노합니다. 평소보다 풀무 불을 7배나 더 뜨겁게 달구라고 말합니다. 왕은 세 친구를 풀무 불에 집어 던지라고 명합니다. 풀무 불이 얼마나 뜨거웠던지 그들을 집어 던졌던 군인들을 태워 죽일 정도였습니다. 세 사람은 그렇게 잿더미로 죽어 갈 상황에 놓였습니다. 하나님 한 분을 위해 고결한 신앙의 절개를 지킨 세 사람은 그렇게 세상에서 사라질 것 같았습니다.

그러나 하나님은 놀라운 일을 행하십니다. '죽으면 죽으리라'

는 일사각오의 정신으로 살아간 세 사람을 위해 하나님의 사자를 보내서서 보호해 주셨습니다. 풀무 불 안을 들여다본 왕은 놀라운 광경을 목격했습니다. 풀무 불 안에 네 사람이 함께 걸어 다니는 것입니다. 왕이 그들을 불러냅니다. 그들은 머리털 하나 그을리지 않고, 불탄 냄새도 없이 살아서 걸어 나왔습니다. 다음은 세상을 다스리던 왕의 입에서 터져 나온 위대한 고백입니다.

느부갓네살이 말하여 이르되 사드락과 메삭과 아벳느고의 하나님을 찬송할지로다 그가 그의 천사를 보내사 자기를 의뢰하고 그들의 몸을 바쳐 왕의 명령을 거역하고 그 하나님밖에는 다른 신을 섬기지 아니하며 그에게 절하지 아니한 종들을 구원하셨도다 단 3:28

"사드락과 메삭과 아벳느고의 하나님을 찬송하라! 세 친구를 죽음의 풀무 불 가운데 구원하신 하나님의 이름을 찬양할지어다!" 이것이 하나님이 행하시는 위대한 역사입니다. 죽기를 각오하고 하나님 앞에 엎드렸을 때 하나님이 우리를 일으켜 세워 주십니다. 주님을 위해 기꺼이 생명을 내어놓을 때 하나님은 우리의 생명을 보전해 주실 뿐 아니라 그 이름을 영예롭게 높여 주십니다.

왕이 드디어 사드락과 메삭과 아벳느고를 바벨론 지방에서 더욱 높이니라 단 3:30

이보다 감격스러운 순간이 있을까요? 죽음을 불사하고 자신들의 삶을 바쳤을 때 왕은 그들을 바벨론 모든 지방에서 더욱 높여 주었습니다. 오직 믿음으로 나아갈 때 온 세상이 하나님을 경외하는 소망이 현실로 나타납니다. 세 친구가 하나님을 높여 드렸을 때 하나님은 그들을 세상에서도, 모든 사람에게서도 존경받게 하셨습니다.

2024년 파리 올림픽이 열리기 100년 전에도 파리에서 올림픽이 열렸습니다. 당시 100미터 세계 최고 선수 에릭 리들(Eric Liddle)을 다룬 〈불의 전차〉라는 영화를 기억할 것입니다.

영국 선수 리들은 누구나 기대했던 100미터 금메달 유망주였습니다. 그러나 100미터 경주가 열리는 날이 주일이라는 것을 알고, 주일을 거룩하게 지키기 위해 출전을 포기했습니다. 사람들이 그를 얼마나 비난했겠습니까,

"굳이 그렇게 살아야 하는가? 하나님의 영광을 위해서 더 열심히 뛰어야 하는 것 아닌가?"

그러나 리들은 하나님 앞에 결단을 내렸습니다. 그의 동료 해럴드 에이브러햄(Harold Abraham)이 100미터 경주에 출전해서 금메달을 땄습니다. 200미터는 리들의 주 종목이 아니었지만 동메달을 목에 걸었습니다. 또 리들은 400미터에 출전했고, 47.06초로 세계 신기록을 세웠습니다. 영국뿐만 아니라 온 세상이 들썩였습니다. 기자들이 물었습니다.

"어떻게 주 종목이 아닌 400미터에서 세계 신기록을 세울 수 있었습니까?"

리들의 대답은 간단했습니다.

"200미터는 최선을 다해서 뛰었습니다. 나머지 200미터는 하나님의 은혜로 더 빨리 뛸 수 있었습니다."

리들은 세상의 모든 인정과 성공을 뒤로하고 23세 때 중국에 선교사로 들어갔습니다. 중국에서 20년 동안 지내다가 일본이 중국을 점령했을 때 웨이시엔 수용소로 잡혀 들어가서 그곳에서 죽음을 맞이했습니다. 43세 젊은 나이였습니다.

리들이 400미터를 뛸 때 손에 잡고 있었던 성경 구절이 있습니다.

나를 존중히 여기는 자를 내가 존중히 여기고 삼상 2:30

한 번 사는 생애, 한 번의 생명을 주님을 위해서 바쳤던 사람들, 유일하신 하나님을 믿기에 자신의 젊음을 기꺼이 던졌던 사람들, 그들을 통해 하나님은 놀라운 기적의 역사를 일으키셨습니다.

누가 세상을 변혁시킬 수 있을까요? 유일하신 하나님을 위해 타협 없이 세상에 당당히 서는 사람, 오직 믿음이라는 이름으로 하나님 앞에 신앙의 절개를 지키는 사람, '그렇게 하지 아니하실지라도' 여전히 하나님을 주군으로 삼고 묵묵하게 달려가는 사람

입니다. 하나님은 그들을 통해 우리가 꿈꾸는 그 나라, 하나님의
이름이 온 세상에서 높임을 받는 그날이 오게 하십니다.

우리 삶 속에서

부활을 살아 내는 것이

예수 부활을 믿는 사람의

가장 확실한 증거가 됩니다.

7

매일의 삶에서 부활을 살아 내라

2024년 한국에서 흥행한 영화가 있습니다. 1,200만 명이 관람한 〈파묘〉입니다. 묏자리를 이장하는 과정에서 벌어지는 미스테리한 사건을 그린 영화입니다. 풍수지리, 무당, 묏자리, 이장하는 장면이 영화에 담겨 있습니다. 대표적인 오컬트 영화이지요. 사람들이 왜 이런 영화에 열광할까요? 우리가 이 땅을 떠나면, 즉 죽음 후에 어떤 일이 일어나는지, 죽음 이후의 세상은 어떤지에 대한 호기심 때문이라고 합니다.

죽음 후의 세계에 관심이 없는 사람이 누가 있겠습니까. 그러나 죽음에 대한 사람의 반응은 전혀 다르게 나타납니다. 세상 사람들에게 죽음이란 한마디로 끝입니다. 죽음에 대해 생각할 때 아픈 이별, 두려움, 막막함, 허무 같은 단어를 떠올리게 됩니다. 그러나 예수를 진실하게 믿는 신자에게 죽음은 전혀 다르게 해석됩니다. 주님을 사랑하는 사람에게 죽음이란 지상에서 죄와 허물과의 싸움을 끝내고 주님 앞에 서는 모든 삶의 완성이라고 할 수 있습니다.

신자의 가장 위대한 소망은 부활

세계적인 복음 전도자 빌리 그레이엄 목사의 동역자였던 그의 아내 루스 그레이엄(Ruth Graham)의 묘비명입니다.

공사 끝 End of Construction
인내해 주셔서 감사합니다 Thank you for your patience

이 세상에서는 온전한 주님의 제자로 살아가지 못해 안타까운 마음으로 보냈지만, 모든 불완전한 삶을 끝내고 하나님 앞에 서는 순간, 공사가 끝나고 영광의 하나님 앞에 나아간다는 말입니다. 사랑과 자비로 우리를 기다리시는 주님 앞에 서는 순간, 우리 삶은 완성됩니다. 우리의 노력이나 능력이 아니라 예수 그리스도의 피에 의지하여 하나님 앞에 나아가기에 천국에 들어가는 순간 우리의 모든 죄와 허물이 씻음을 받고 온전한 자녀로 새로워질 것입니다.

사후 세계에 관하여 잘못된 가르침도 있습니다. 가톨릭은 연옥이 있다고 가르칩니다. 지옥도 천국도 들어가지 못하는 사람이 가는 곳으로, 이곳에서 영혼의 정화 작용이 일어난다고 합니다. 연옥설 때문에 중세교회는 면죄부를 판매하는 타락 현상을 보이기도 했습니다. 사람들이 연옥에 있는 조상을 위해 헌금할 때 동전이 헌금함에 떨어지는 소리만큼 연옥에 있는 조상이 천국을 향해 더 위로 올라간다고 가르친 것입니다.

여호와의증인은 우리가 세상을 떠날 때 영혼은 잠을 잔다는 영혼수면설을 가르칩니다. 성경에서 신자의 죽음을 잠으로 비유하는 것을 보면서, 신자가 죽으면 육체는 땅에 묻히고 영혼은 수면 상태에 들어간다고 주장합니다.

장로교의 기초를 세운 존 칼빈은 영혼수면설을 비판하는 글을 썼습니다. 신자의 영혼은 사라지거나 수면 상태에 들어가는 것이 아니라 이 땅을 떠나는 순간 그리스도와 연합해 하늘에서 축복을 누린다고 했습니다. 죽음은 막연한 세계로 사라지는 순간이 아닙니다. 죽음 이후 우리는 하나님 앞에서 깨어나 그토록 사모하는 주님의 눈을 마주하고 보게 될 것입니다.

성경은 칼빈의 가르침이 옳다고 말합니다. 성경은 죽음 이후에 우리 영혼이 사라지거나 자는 것이 아니라고 합니다. 인생의 마지막 순간에 은혜를 받은 강도에게 주님은 "오늘 네가 나와 함께 낙원에 있으리라"(눅 23:43) 말씀하셨습니다. 세상을 떠나는 순간 주님과 함께 천국에서 눈을 뜰 것이라는 약속입니다.

땅 위에서 가장 중요한 소망 한 가지를 말하라면 무엇을 이야기하고 싶습니까? 이 소망 하나 때문에 내 심장이 뛰는 것, 내 인생을 걸 수 있는 것, 세상의 모든 두려움도 부러움도 다 극복하게 만드는 소망 말입니다. 죽음으로 끝나는 땅 위의 삶에 순간마다 보람 있고 감격스럽게 하는 소망이 있다면 무엇입니까?

신자에게 가장 위대한 한 가지 소망은 부활일 것입니다. 이 세상의 삶이 끝이 아니라 영원한 세상이 펼쳐지는 부활의 소망입니다. 죽음은 모든 것의 소멸이 아니라 가장 영광스러운 삶의 시작입니다.

성경은 두 종류의 부활이 있다고 말합니다. 육체의 부활과 영혼의 부활입니다. 먼저 영혼이 부활한다는 것은 죽은 우리 영혼이 살아난다는 말입니다. 하나님 앞에 범죄하여 타락한 인간은 영적으로 죽은 상태입니다. 이런 죄인이 예수의 복음을 듣고, 하나님의 은혜로 구원 얻게 되는 것, 영혼이 거듭나는 중생을 두고 영적 부활이라고 합니다.

에베소서 2장 5절에 보면, 하나님이 허물로 죽은 우리를 예수 그리스도와 함께 살리셨다고 선언합니다. 육체를 살리신 것이 아니라 죽은 영혼을 살리신 것을 말합니다. 예수의 복음으로 살아난 사람은 하나님의 아들딸이 되는, 영적으로 부활한 사람입니다. 영혼이 살아나는 부활은 죽는 순간에 이루어지는 것이 아닙니다. 이 땅에서 주님을 만나는 순간, 이미 영원한 부활을 누리며 살아갑니다. 예수님이 친히 하신 말씀입니다.

무릇 살아서 나를 믿는 자는 영원히 죽지 아니하리니 이것을 네가 믿느냐 요 11:26

세상을 떠날 때 육체는 사라집니다. 그러나 거듭난 영혼은 바로 주님 앞에서 눈을 뜨게 될 것입니다. 성도들 가운데 가족을 잃은 아픔을 맞을 때 그렇게 위로하곤 합니다.

"우리가 믿는 신앙대로 이미 사랑하는 가족은 주님 앞에서 눈을 떴습니다. 슬픔은 여전히 우리의 것이고, 그리움도 시간이 지난다고 쉬이 사라지지 않을지라도, 고인은 제일 좋은 천국으로 이사를 간 것입니다."

이런 부활이 있다면 세상에 두려워할 것이 무엇이며 지상에서 더 바랄 것이 무엇이 있겠습니까.

또 하나의 부활은 육체의 부활입니다. 신자든 불신자든 한 번은 육체의 죽음을 맞이합니다. 매장을 하든 화장을 하든 육체는 시간이 지나면 흙으로, 먼지로 사라집니다. 그러나 성경은 육체가 부활할 때가 있다고 합니다.

보라 내가 너희에게 비밀을 말하노니 우리가 다 잠잘 것이 아니요 마지막 나팔에 순식간에 홀연히 다 변화되리니 나팔 소리가 나매 죽은 자들이 썩지 아니할 것으로 다시 살아나고 우리도 변화되리라 이 썩을 것이 반드시 썩지 아니할 것을 입겠고 이 죽을 것이 죽지 아니함을 입으리로다 고전 15:51-53

죽은 육체가 다시 살아날 것이라고 말합니다. 세상에 이런 기적이 있을까요? 주님이 재림하시는 순간, 마지막 나팔 소리가 천지를 울릴 때 육체의 부활이 일어날 것입니다. 썩을 몸이 반드시 썩지 아니할 몸을 입을 것입니다. 그리하여 영원한 천국에서 주님과 함께 지내게 될 것입니다.

부활은 그리스도인의 위대한 승리다

성경에서 부활의 비밀을 가장 깊이 깨달은 사람이 바울입니다. 그 자신이 부활하신 주님을 만났고 천상의 세계를 경험했습니다. 그는 고린도전서 15장에서 부활에 대하여 길게 선포하고, 부활을 정말 확신하는 사람이 어떻게 살아야 할지를 보여 주었습니다.

바울은 먼저 "부활 소망으로 죽음을 이기는 승리의 감격을 누리라"고 말합니다. 죽음을 잊을 수는 있지만 피할 수는 없습니다. 죽음이 주는 두려움은 초연한 자세를 가진다고 사라지는 것도 아닙니다. 그러나 예수 그리스도를 가슴에 모신 신자는 전혀 다른 고백을 합니다.

> 우리 주 예수 그리스도로 말미암아 우리에게 승리를 주시는 하나님
> 께 감사하노니 고전 15:57

"승리를 주시는 하나님." 무엇에 대한 승리입니까? 그리스도 안에 있는 사람은 더 이상 죽음의 지배를 받지 않는다는 말입니다. 인류의 의학이 발전해 수명을 연장할 수는 있을 것입니다. 그러나 백 년을 넘게 살 수는 있어도 죽음을 이길 수 있는 사람은 없습니다. 하지만 예수를 믿는 순간, 기적이 일어납니다. 주님이 우리 안에 생명으로 오시는 순간, 죽음에서 생명으로 옮겨진 새로운 인생이 시작됩니다. 더 이상 죽음을 맛보지 않는 것입니다. 이 사실을 깨달은 바울은 감격스럽게 외칩니다.

"우리에게 승리를 주시는 하나님께 감사하라. 죄와 사망으로부터 승리하게 하신 하나님께 감사하라!"

영국의 청교도 목회자 존 오웬(John Owen)은 《그리스도의 죽음으로 일어난 죽음의 죽음》(*The Death of Death in the Death of Christ*)이라는 책을 썼습니다. 책 제목이 저자가 들려주고자 하는 내용의 핵심을 말하고 있습니다. 예수의 죽음으로 말미암아 온 인류에게 스며든 공포와 허무로 몰아가는 죽음의 권세를 끝냈다

는 것입니다. 예수가 십자가에 죽음으로 인간을 죽음으로 몰고 가는 죽음을 죽였다는 것입니다. 바울은 이 사실을 그의 심장에서 터져 나오는 절규처럼 외칩니다.

사망아 너의 승리가 어디 있느냐 사망아 네가 쏘는 것이 어디 있느냐 사망이 쏘는 것은 죄요 죄의 권능은 율법이라 고전 15:55-56

지금까지 인류 역사에서 사망은 늘 승리했습니다. 사탄은 죽음이라는 무기로 죄와 허물에 빠진 인간을 죽여 왔습니다. 그러나 이제 전혀 새로운 역사가 시작되었습니다. 온 인류를 죽음의 늪에 빠뜨린 사망을 하나님이 죽이신 것입니다.

어떻게 이런 일이 일어났을까요? 하나님은 우리가 죽어야 할 사망을 대신하여 아들 예수가 죽임을 당하게 하셨습니다. 그러나 예수님의 죽음은 죽음으로 끝나지 않았습니다. 죽음을 이기시고 부활하신 예수 그리스도! 예수는 부활하심으로 사망에 대하여 사망 선포를 하신 것입니다. 오웬의 책 제목처럼 '죽음의 죽음', 죽음의 권세를 죽이셨습니다.

더욱 놀라운 사실이 있습니다. 예수가 죽음을 이기심으로 예수를 믿는 자에게도 더 이상 사망이 왕 노릇 하지 못한다는 것입니다. 예수 안에서 전혀 새로워진 인생, 부활의 감격을 누리는 사람들을 두고 바울이 외칩니다.

"이전의 모든 것은 다 지나갔으니 이제 보라. 새것이 되었도다!"(고후 5:17 참고)

사람들은 죽으면 끝이라 말하지만, 그렇지 않습니다. 인생에서 가장 중요한 순간은 세상을 떠나는 바로 그때에 일어납니다. 육신의 장막을 벗고 우리가 그토록 사모하던 주님을 만나는 순간, 영원한 생명의 새로운 호흡이 시작되는 것입니다.

이런 영광스러운 사실을 두고 찰스 스펄전(Charles Spurgeon)이 한 설교가 있습니다. "죽음의 정복자 그리스도"(Christ, The Destroyer of Death)라는 설교에서 스펄전은 그리스도인에게 죽음이 무엇인지 설명합니다.

"성도들은 이제 죽는 것이 아닙니다. 분해되고 이곳을 떠날 뿐입니다. 죽음이란 범선이 아름다운 항구를 향해 자유롭게 항해할 수 있도록 밧줄이 풀리는 것과 같습니다. 죽음이란 우리가 하나님께 올라갈 때 타고 가는 불 마차입니다. 죽음이란 연회장에서 오셔서 우리에게, '친구여, 더 높이 올라오라'고 말씀하시는 위대한 왕의 부드러운 음성입니다."

그렇습니다. 죽음이란 하나님께 올라갈 때 타고 가는 불 마차입니다. 하나님이 사랑하는 아들 예수와 함께 좀 더 높이 올라가자고 말씀하시는 왕의 위대한 초청입니다. 죽음이란 지상의 삶을 마무리하고 찬란한 천국으로 들어가는 문을 여는 순간입니다.

이런 감격을 가지고 살아가는 사람에게 스펄전은 계속해서 부탁합니다.

"사랑하는 자여, 결코 죽음을 두려워하지 말라. 믿는 자에게 죽음은 가장 작은 문제일 뿐이다. 두려워할 것은 오히려 삶이다. 왜냐하면 그것은 거친 싸움이고, 혹독한 훈련이며, 험난한 여정이기 때문이다."

이 얼마나 멋진 표현입니까! 신자에게 죽음이란 아주 사소한 문제일 뿐, 우리가 두려워해야 할 것은 오히려 삶입니다. 세상에서 하나님의 자녀로 살아가기 위해 우리는 끊임없이 사탄과 영적 싸움을 벌여야 합니다.

죽음을 맞이하는 순간, 그날 우리의 모든 싸움은 끝이 나고 주님 품에서 안식하게 됩니다. 우리는 주님과 함께 장밋빛 그늘에서 정겹게 대화를 나눌 것입니다. 이것이 부활을 믿는 그리스도인의 위대한 승리입니다. 죽음을 이기는 승리입니다. 이런 사람에게는 죽음이 가장 영광스러운 순간입니다. 죽음을 두려워하지 않는 사람은 세상에 두려워할 일이 전혀 없습니다. 부활을 확신하는 사람이 누리는 것이 하늘의 평안이요, 넘치는 기쁨입니다.

그날, 생애 가장 아름다운 날이 시작된다

부활 소망을 가진 사람이 가져야 할 또 다른 자세가 있습니다. 바울은 "부활 소망으로 흔들림 없는 견고한 신앙을 가지라"고 말합니다.

부활 소망으로 살아가는 사람은 지금 눈을 감아도 영원한 천국에서 눈을 뜬다는 것을 믿습니다. 그러나 부활 소망을 확신하고 살아간다는 것은 쉬운 일이 아닙니다. 바울도 이 사실을 너무나 잘 알고 있기에 이렇게 부탁합니다.

그러므로 내 사랑하는 형제들아 견실하며 흔들리지 말고 고전 15:58

왜 흔들리지 말라고 말할까요? 쉽게 흔들리기 때문입니다. 바울은 부활 이야기를 그의 모든 편지글 가운데 고린도전서 15장에서 58절이나 할애하면서 길게 설명합니다. 그만큼 부활이 중요하다는 것이고, 그만큼 믿기도 어렵다는 말입니다. 고린도 성도들도 마찬가지입니다. 바울이 직접 세운 교회지만 부활을 믿지 않는 사람들이 많이 있었습니다. 안타까운 마음으로 외치는 바울의 음성이 지금도 생생하게 들려오는 듯합니다.

그리스도께서 죽은 자 가운데서 다시 살아나셨다 전파되었거늘 너희 중에서 어떤 사람들은 어찌하여 죽은 자 가운데서 부활이 없다 하느냐 고전 15:12

죽은 사람이 다시 살아난다는 것, 이 위대한 신앙은 이성으로 얻을 수 있는 것이 아닙니다. 죽은 자가 다시 살아났다는 사실을 믿는 것, 우리도 언젠가 죽음을 넘어 영원한 생명으로 살아난다는 것을 믿는 것 자체가 하나님의 위대한 선물입니다.

예수의 제자들도 마찬가지입니다. 처음에는 그 누구도 부활을 믿지 못했습니다. 열두 제자 모두 예수님이 십자가에서 피 흘리신 순간을 목격했습니다. 예수님이 돌아가신 후 무서워 도망간 제자들이 문을 걸어 잠그고 벌벌 떨고 있을 때 부활하신 예수님이 그들을 찾아오셨습니다. 그때 그 자리에 없었던 도마가 한 말을 기억합니까?

내가 그의 손의 못 자국을 보며 내 손가락을 그 못 자국에 넣으며 내 손을 그 옆구리에 넣어 보지 않고는 믿지 아니하겠노라 요 20:25

제자들도 이렇게 믿기 어려운데 보지 않고도 예수님의 부활을 믿을 수 있는 자체가 기적입니다. 신자는 예수님의 부활을 믿는 기적의 은혜를 받은 사람입니다.

바울은 부활 소망을 상실해 버린 사람들을 향해 예수님이 부활하지 않으셨다면 어떤 상황인지 고린도전서 15장에서 예를 들며 외칩니다. 고린도 성도들뿐 아니라 오늘날 우리를 바라보며 외치는 바울의 음성입니다.

13절 | "그리스도도 다시 살아나지 못하셨다."

14절 | "우리가 전파하는 것도 헛것이요 우리 믿음도 헛것이다."

15절 | "우리는 하나님의 거짓 증인이 될 것이다."

17절 | "우리는 여전히 죄 가운데 있을 것이다."

18절 | "그리스도 안에서 죽은 자도 소망이 없다."

바울의 말을 뒤집어 보면 부활이 왜 확실한지가 보입니다.

"예수 그리스도가 다시 살아나셨기에 부활이 있다. 부활이 있기에 우리는 생명을 바쳐 이 진리를 전파한다. 하나님이 우리를 증인으로 세우셨다. 부활의 소망 속에 우리는 죄로부터 해방되어 천국의 소망을 노래한다!"

그리고 그는 부활에 대한 확신에 차올라 마지막으로 한마디를 던집니다.

만일 그리스도 안에서 우리가 바라는 것이 다만 이 세상의 삶뿐이면 모든 사람 가운데 우리가 더욱 불쌍한 자이리라 고전 15:19

당연한 일입니다. 우리가 소망하는 것이 세상이 전부라면 세상에서 누릴 수 있는 것을 다 누리고 멋지게 살다가 떠나야 하지 않을까요? 존재하지도 않는 부활을 가르치고 살아간다면, 그것을 위해 나의 시간과 물질을 바치고 인생을 드린다면 그것보다 더 안타깝고 어리석은 일이 세상에 어디에 있겠습니까.

오늘날 수많은 사람이 부활의 예수님을 전하기 위해 아프리카 오지를 찾고, 이름도 모를 아마존강의 부족을 찾아갑니다. 만일 그 모든 수고가 헛된 일이라면 우리 삶은 아무런 의미도 없고, 다른 사람들도 무가치한 삶으로 인도하는 거짓말쟁이가 될 것입니다. 그러나 바울은 무엇이라 말합니까?

그러나 이제 그리스도께서 죽은 자 가운데서 다시 살아나사 잠자는 자들의 첫 열매가 되셨도다 고전 15:20

죽음을 이기고 부활하신 예수 그리스도가 부활의 첫 열매요, 그리스도 안에서 우리 모두도 부활의 축복을 누릴 것이라는 승리의 노래를 부릅니다.

감격스럽게 승리의 노래를 부르는 바울 자신이 부활의 증인입니다. 바울은 회심 전에 세상에서 참으로 멋지게 살았습니다. 세상의 모든 것을 다 누렸습니다. 하나님을 몰랐던 것도 아닙니다. 하나님을 사랑했고 율법을 완벽하게 준수했습니다. 그에게 단 한 가지 문제는 바로 예수님을 몰랐다는 것입니다. 예수님을 모른다는 것은 한 가지 문제가 아니라 인생 최대의 문제입니다.

그런 바울에게 예수님이 찾아오셨습니다. 십자가에 못 박히신 주님이 아니라 부활의 숭고한 모습으로 찾아오셔서 그의 영적인 눈을 열어 주셨습니다. 부활하신 예수를 만났을 때 바울은 그의 삶을 던졌습니다. 하루 이틀, 어느 정도 헌신이 아니라 그의 전부를 쏟아부었습니다. 예수님을 만난 체험이 깊은 만큼, 예수님을 향한 그의 헌신도 깊었습니다.

예수님의 제자들도 마찬가지였습니다. 예수님이 십자가를 지실 때 도망간 제자들, 예수님이 십자가 위에서 피 흘리고 계실 때 달아난 제자들이 어떻게 담대한 복음의 증인이 될 수 있었습니까? 부활하신 예수님을 만났기 때문입니다. 죽음을 뛰어넘는 하늘 소망으로 심장이 타올랐기 때문입니다. 그때 하나밖에 없는 생명을 던지는 위대한 헌신이 시작되었습니다.

부활의 소망을 생각할 때마다 떠오르는 한 성도가 있습니다. 제가 목회하는 교회에서 신실하게 예수님을 섬기다가 주님 품에 안기신 신유성 집사님입니다. 집사님은 예수님을 만난 이후로 평생 주님을 위해 기도와 전도로 살았습니다. 교회에서 1부 예배를 드리고 나면 오후에는 작은 교회에 가서 신실하게 섬겼습니다. 매일 새벽을 깨워 근처의 조그마한 교회에서 하나님께 나아갔습니다. 오랫동안 병으로 참 많은 고생을 했지만 집사님은 늘 잔잔하게 고백했습니다.

"내 육신은 허물어져 가지만, 내 영혼은 날마다 새로워집니다."

집사님이 돌아가셨을 때의 감동이 아직도 생생합니다. 그날 집사님의 아내가 새벽기도 갈 시간이 되었는데 남편이 보이지 않아 찾았습니다. 집사님은 이미 일어나 아래층에 내려가서 기도하고 있었습니다. 그런데 집사님은 무릎 꿇고 기도하는 모습으로 이미 주님 품에 안기셨다고 합니다. 이보다 더 영광스럽고 멋진 죽음이 있을까요?

집사님이 마지막까지 전도자의 삶을 살며 매일 새벽에 무릎을 꿇은 데는 이유가 있습니다. 본래 집사님은 40세 정도에 이 세상을 떠났어야 할 분이었습니다. 머릿속에 탁구공만 한 암이 있어서 죽음의 위기에 놓였습니다. 1978년에 두 눈까지 실명했고, 결국 병원에서는 15분 후면 죽는다는 진단을 내렸습니다. 모든 가족이 집사님의 임종을 지켜보아야 하는 상황이었습니다.

그런 집사님에게 기적이 일어났습니다. 하나님이 2분 30초 동안 성령의 불로 찾아오셨습니다. 그 몸에 하나님의 터치가 임했을 때 암이 흔적도 없이 사라졌고, 잃었던 두 눈도 기적적으로 회복되었습니다. 집사님의 사건이 주요 신문과 방송을 통해서 알려졌습니다. 하나님이 지상에서 연장시켜 주신 40년의 삶을 더 사시다가 마지막까지 한순간도 흐트러짐 없이 고결하게 주님 품에 안기셨습니다.

죽었다가 다시 살아난 사람, 보지 못했다가 다시 보게 된 사람, 그 후로 부활의 예수님을 만난 체험을 평생 가슴에 간직한 사람입니다. 집사님만의 이야기가 아니라 바로 우리에게 일어난 이야기 아닙니까? 신앙인은 2천 년 전에 십자가에서 돌아가신 주님을 믿는 사람이 아니라 오늘 내 속에 살아 계신 주님을 모시고 살아가는 사람입니다. 그가 바로 부활이 실제가 된 사람, 하늘의 소망을 품고 살아가는 사람입니다. 이 사실을 믿는 우리에게 바울이 말합니다.

"사랑하는 형제자매들이여, 견실하며 흔들리지 말라! 세상이 다 사라진다 해도 흔들리지 않는 진리, 예수 그리스도가 부활하신 것같이 우리에게 새 하늘과 새 땅이 열리는 날이 다가오리라. 그 영광의 날을 기대하며 하늘을 바라보며 살라."

바울의 확신에 찬 고백이 지금도 우리 가슴을 두드립니다.

부활이 아직 믿어지지 않거나 확신하지 못하는 분도 있을 것입니다. 교회를 다니면서 나름대로 열심히 주님을 믿고 따라다니지만 부활이 정말 나의 부활이 되지 못한 분이 있을 수 있습니다. 부활 신앙은 억지로 믿을 수 있는 것이 아닙니다. 믿겠노라 결단한다고, 의식적으로 동의한다고 되는 것도 아닙니다. 성경에 기록된 진리를 그대로 신뢰해야 믿어집니다. 내가 할 수 있는 것이 아니기 때문에, 하나님이 마음을 열어 주셔야만 하기 때문에 주님께 간구해야 합니다.

"주님, 십자가의 은혜로 구원의 선물을 주신 것처럼 부활의 믿음을 심령 속에 심어 주소서. 하나님이 이 믿음을 주셔야만 흔들림 없이 확고한 부활 신앙을 가질 수 있습니다."

부활 소망을 가지면 세상에서 진정한 자유를 맛볼 수 있습니다. 하루 일과를 마치고 저녁이 되어 돌아갈 집이 있는 사람은 어둠이 내려앉아도 두려움이 없습니다. 인생에 황혼이 찾아올 때도 마찬가지입니다. 우리를 기다리시는 주님 품에 안기는 날은 바로 우리 생에 가장 아름다운 날이 시작되는 날입니다.

매일의 삶에서 부활을 살아 내라

바울은 마지막으로 "부활 소망으로 주님의 사명에 힘쓰는 삶을 살라"고 강조합니다.

부활을 소망하는 사람은 어떻게 살아가야 할까요? 하늘을 향해 살아가는 사람에게 땅 위의 삶은 무가치할 뿐일까요? "신은 죽었다"고 기독교를 가장 혹독하게 비판한 프리드리히 니체 (Friedrich Nietzsche)가 기독교를 비판한 가장 중요한 이유 가운데 하나는 기독교가 내세만 강조하지 현세를 무시한다는 것입니다. 니체는 진정한 복음을 몰랐습니다. 부활의 감격을 누리는 사람들에게 바울이 하는 말입니다.

그러므로 내 사랑하는 형제들아 견실하며 흔들리지 말고 항상 주의 일에 더욱 힘쓰는 자들이 되라 이는 너희 수고가 주 안에서 헛되지 않은 줄 앎이라 고전 15:58

"주님의 일에 더욱 힘쓰는 자들이 되라!"

이것이 부활을 살아가는 사람의 삶입니다. 왜 그렇습니까? 땅 위에 두 발을 딛고 살아가지만, 순례자로 살면서 흘리는 우리의 눈물, 주님과 주님의 교회를 위해 흘리는 수고를 주께서 아시기 때문입니다. 부활의 소망을 가지면 인생이 바뀝니다. 인생에 새로운 목적이 생깁니다. 하늘에 소망을 둔 사람은 오늘의 소중함을 압니다. 허무로 끝나는 삶이 아닙니다. 세상에서 사는 날 동안 명확한 사명을 가지고 삽니다.

우리에게 잘 알려진 유진 피터슨(Eugene H. Peterson)이 쓴 마지막 책은《부활을 살라》입니다. 일상에서 누려야 할 부활을 강조하면서 그가 하는 말입니다.

"부활이란 경외감을 가지고 바라보는 풍경이 아니라 매일 살아 내야 하는 삶이다. 먹고 자고 일하고 쉬고 사람을 만날 때 하나님의 백성다운 삶이 부활을 살아가는 신자의 삶이다. 부활에 대한 신앙고백은 부활의 삶을 통해서만 적실성을 얻는다. 하지만 부활의 삶을 산다는 것은 오늘의 교회에서는 생경한 일처럼 되어 버렸다."

우리가 무엇을 놓치고 있다는 말입니까? 부활의 일상성! 죽음 이후의 부활이 아니라 오늘 부활을 살아가는 삶을 잃어버렸다는 것입니다. 우리 삶 속에서 부활을 살아 내는 것이 예수 부활을 믿는 사람의 가장 확실한 증거가 됩니다.

한국과 미국 그리고 세계 전역의 비즈니스 세계에 그리스도의 복음을 전하기 위해 노력하는 기독 실업인 모임 CBMC(Connecting Business and Marketplace to Christ)가 있습니다. 비즈니스와 우리 일상에 예수 그리스도를 전하는 삶을 추구합니다. 비즈니스의 목적은 돈을 버는 것이 아니라 모든 삶에서 예수 그리스도를 나타내는 것입니다. 참으로 멋진 삶입니다. 이것이 땅 위에서 부활을 살아가는 사람의 일상입니다.

나에게 주어진 평범한 삶에서 사명을 감당하는 사람, 먹든지 마시든지 어떤 삶의 영역에서도 하나님의 영광을 드러내는 것이 목적이 된 사람, 그가 바로 하늘에 소망을 두고 살아가는 사람입니다. 이렇게 하늘을 향해 살아가는 신자에게 주님은 놀라운 약속을 하십니다.

"너희 수고가 주 안에서 헛되지 않은 줄 앎이라."

죽음에서 부활을 체험하고 평생 예수의 부활을 글로 표현한 작가가 있습니다. 러시아의 대문호 표도르 도스토옙스키(Fyodor Dostoevskii)입니다. 사회주의 사상에 빠져 황제 반역죄로 총살형을 언도받고 1849년 12월 22일 아침에 사형대에 올랐습니다. 마지막 5분이 주어졌습니다. 《백치》라는 그의 책에서 마지막 5분 동안 일어난 일을 상세히 설명해 놓았습니다.

처음 2분은 함께 혁명에 가담해서 죽는 동료들과 인사를 나누었습니다. 나머지 2분은 하나님께 지난날을 돌아보며 감사의 기도를 드렸습니다. 나머지 1분은 하늘의 햇살을 보고 뺨에 스치는 바람을 느꼈습니다. 그때 갑자기 살고 싶다는 생각이 물밀듯 일어났습니다. 이 땅에서 저 햇빛, 저 푸른 하늘을 한 번 더 보고 싶다는 생각이 그의 가슴에 용솟음쳤습니다. 그의 할아버지는 목사요, 어머니는 독실한 신자였습니다. 하나님을 떠나 공산주의에 빠졌다가 마지막 순간에 하나님이 생각난 것입니다.

"하나님, 저에게 기회를 주신다면 1분을 1년처럼 살겠습니다."

하늘을 향해 기도를 드리는 순간, 사형 집행을 멈추라는 니콜라스(Nicholas) 황제의 칙명이 도착했습니다. 그는 그다음 날 형에게 편지를 썼습니다.

"이제 비로소 산다는 것이 얼마나 거대한 은총인지 깨달았다."

도스토옙스키가 한 유명한 말이 있습니다.

"인생은 5분의 연속입니다."

죽음을 체험하고 살아난 후 그의 인생은 위대한 변화를 체험합니다. 모든 작품에 하나님의 사랑과 인간의 고뇌 그리고 부활의 복음을 심어 놓았습니다.

우리 모두 영적으로 사형선고를 받은 사람들입니다. 황제의 특사가 아니라, 하나님이 당신의 아들에게 사형선고를 내리시고 우리를 대신 살리셨습니다. 십자가의 은혜로 죄 용서를 받은 사람, 부활의 감격을 체험한 사람은 한순간도 평범하게 살아갈 수 없습니다. 순간마다 5분의 연속인 인생을 살아갑니다. 하나님이 주신 아름다운 세상을 순간마다 소중히 여기고, 하나님을 기쁘시게 하기 위해, 맡겨 주신 사명을 위해 매일 살아갑니다. 이것이 하늘에 소망을 둔 사람, 매일의 삶에서 부활을 살아 내는 사람의 자세입니다.

우리 빰에 흐르는 눈물을 닦아 주실
주님을 믿고 사는 사람은 인생이 어떻게 펼쳐져도
여전히 감사하고 기뻐할 수 있습니다.
소망 되신 예수를 가슴에 새겼기 때문입니다.

유로지비, 거룩한 바보로 살다

러시아어 중에 참 아름다운 뜻을 가진 단어가 있습니다. '유로지비'(yurodivy)입니다. 우리말로 번역하면 '성스러운 바보' 혹은 '바보 성자'인데, '그리스도를 위해 미친자'라는 의미를 갖습니다. 겉으로 보기에는 바보 혹은 미치광이 같지만, 사실은 진리를 붙들고 지키며 사는 고행자들을 가리킵니다.

매일 소망

세상이 감당 못하는 사람

도스토옙스키의 《카라마조프가의 형제들》에 나오는 여러 유형의 인물들 중에서는 주인공 '알로샤'를 가리키는 말로 이 단어가 쓰이기도 합니다. 예수 그리스도를 따라가는 사람, 그리스도의 성품을 닮은 사람이 어떤 삶을 사는지 보여 주는 단어라고 할 수 있습니다.

도스토옙스키는 예수 그리스도의 '케노시스'(Kenosis) 정신, 자기를 비워 종의 몸으로 세상에 오신 예수님의 '자기 비움' 철학에 착안해 이 단어를 문학화했습니다.

유로지비의 마음을 가진 사람들에게는 몇 가지 특징이 나타납니다.

첫 번째 특징은 어린아이 같다는 것입니다. 예수님은 "어린아이처럼 되어야 천국에 들어갈 수 있다"고 말씀하셨습니다(마 19:13-14). 이권이나 계산 없이, 때로는 어리석어 보이지만 어린아이 같은 순수함을 가지고 절대적으로 하나님께 의존해야 한다는 말입니다.

두 번째 특징은 어리숙하고 바보 같은 모습을 가졌다는 것입니다. 예수님에게도 그러한 모습이 있지 않습니까? 사랑하는 사람을 위해 희생하는 것도 쉽지 않은 일인데, 자신을 거역한 원수를 대신해 자신의 몸을 내던져 죽는 일이야말로 정말 바보가 아니고서는 할 수 없는 일입니다.

세 번째 특징은 미친 사람 같아 보이기도 한다는 것입니다. 이 세상 사람이 아니라 다른 세상을 살아가는 사람처럼 보이기도 합니다. 예수님의 모습은 당시 사람들에게 정말 광인처럼 보였을 것입니다. 예수님을 따르는 사람들도 마찬가지였습니다. 로마의 총독 베스도가 사도 바울에게 한 말을 떠올려 보십시오(행 26:24).

"바울아, 너의 많은 학문이 너를 미치게 했구나!"

유로지비의 삶은 어쩌면 미친 사람처럼 보이기도 합니다. 그 여러 모습 중 가장 큰 특징은 나그네 같은 모습으로 산다는 것입니다. 땅 위에 발을 딛고 서 있지만, 땅 위의 삶이 전부가 아닙니다. 숭고하신 예수 그리스도, 천상의 예수 그리스도를 따라 살아가는 사람들, 천상의 시민답게 하늘을 향해 살아가는 사람들, 그들의 삶을 두고 유로지비의 삶이라고 말합니다.

세상이 보잘것없어서 버리는 것이 아니라, 찬란한 하늘의 영광을 보았기 때문입니다. 오직 하나님 앞에 무릎을 꿇기에 세상의 어떤 권력과 유혹 앞에서도 결코 무릎 꿇지 않습니다. 성경은 이런 사람을 두고 '세상이 감당하지 못하는 사람'이라고 부릅니다(히 11:38).

누가 유로지비의 삶을 살아갈 수 있었을까요? 베드로전서에 나오는 사람들은 예수 그리스도를 따라가는 유로지비에 딱 맞는 이들입니다. 한마디로 말하면, 땅 위에 뿌리내리지 않고 하늘에 뿌리내려 하늘에 소망을 두고 살아가는 사람들입니다. 날마다 겪는 고난과 아픔 속에서도 그 감정들이 자신을 통제하지 못하게끔 세상 그 무엇에도 연연해하지 않고 초월하면서 살아가는 사람들, 세상 사람들의 눈에는 이 세상 사람이 아닌 것처럼 보이는 사람들입니다.

> 너희 마음에 그리스도를 주로 삼아 거룩하게 하고 너희 속에 있는 소망에 관한 이유를 묻는 자에게는 대답할 것을 항상 준비하되 온유와 두려움으로 하고 벧전 3:15

예수 그리스도를 주님으로 삼고 거룩한 삶을 살아 내는 사람들은 근본이 다릅니다. 이들이 세상 사람들과 다른 가장 중요한 특징은 예수 그리스도를 주인으로 삼는다는 것입니다. 그들을 향해 세상은 이렇게 질문할 것입니다.

"죽음 앞에서도 당당하게 살아가는 당신들은 우리와 다른 어떤 것을 가지고 있는 듯한데 과연 그것이 무엇입니까? 처참한 상황 속에서도 다른 소망을 품고 살아가는 당신들, 마치 천진난만한 어린아이 같기도 하고 바보스럽게 느껴지기도 하는 당신들이 지닌 소망은 대체 어떤 것입니까?"

세상 사람들은 고난받던 그들에게 이렇게 물었습니다.

그렇다면 우리는 이 시대 사람들에게 "당신이 가진 소망이 무엇입니까?"라는 질문을 받아 보았나요? 이런 질문을 받아 보지 못했다면 우리가 이 소망을 정말 누리고 있는지 깊이 물어보아야 합니다. 자신의 내면을 들여다보기 위해 다음과 같은 세 가지 질문을 던져 보시기 바랍니다.

"나는 진정한 소망을 가졌는가?", "내가 품은 소망에 관해 질문을 받아 본 적이 있는가?", "소망을 묻는 사람들에게 어떻게 대답할 것인가?"

나는 진정한 소망을 가졌는가

삼성의 창업자 이병철 회장은 폐암으로 2년 정도 투병하다 타계했습니다. 그는 별세하기 한 달 전, 가톨릭 신부에게 종교와 신의 존재에 관해 24가지 질문을 했다고 합니다. 그중 몇 가지만 소개하면 이렇습니다.

"신의 존재를 어떻게 증명할 수 있습니까?", "신이 인간을 사랑했다면 왜 고통과 불행과 죽음을 주었습니까?", "인간이 죽은 후에 영혼은 죽지 않고 천국이나 지옥으로 간다는 것을 어떻게 믿을 수가 있습니까?", "지구의 종말은 옵니까?"

24가지 질문을 가만히 들여다보면 전체적으로 돋보이는 한 가지 주제가 있습니다. 바로 죽음에 대한 두려움입니다. 아무리 대단한 부와 명예를 가진 사람이라 할지라도 죽음 앞에서는 인간의 근본적 질문을 마주하게 되는 것입니다.

땅 위에 살며 호흡하는 모든 사람이 피할 수 없는 것이 바로 죽음입니다. 죽음에 대한 두려움이 없는 사람, 이 땅을 떠날 때 자기 영혼이 어떻게 될 것인지에 대해 생각하지 않는 사람이 있을까요? 모든 인류의 공통적인 질문이지만, 세상 그 어떤 존재도 이에 대한 답을 제시할 수는 없습니다. 삶을 고양시키는 윤리, 철학, 문학, 심지어 윤회와 내세를 이야기하는 종교마저도 이 문제에 결코 해답을 내놓을 수 없습니다.

베드로 사도는 이와 같은 문제를 안고 있지만, 전혀 다른 답을 가지고 살아가는 사람들을 가리켜 "흩어진 나그네"(벧전 1:1)라 부릅니다. 이들이 바로 도스토옙스키가 "유로지비의 삶"이라 부르는 사람들이라고 할 수 있습니다.

베드로전서를 읽어 보면 그들은 주로 시험과 연단을 당하고, 고난과 핍박 그리고 비난과 오해에 시달렸습니다. 당시 전 세계를 지배하던 로마는 황제 숭배를 강요했습니다. 율리우스 카이사르(Julius Caesar) 황제 시절, 그 앞에 무릎 꿇지 않으며 수많은 비난과 오해를 받아도 묵묵하게 침묵을 지키면서 하늘을 향해 살아가던 사람들이 있었습니다. 그들은 말로써 우리에게 답을 주지 않습니다. 삶 자체로 들려줍니다.

이런 상황에 놓인다면 우리는 어떻게 반응할까요?

"하나님, 이 고난이 속히 지나가기를 원합니다. 우리도 마음껏 자유롭게 예수님 믿기를 원합니다. 세상 사람들의 오해와 비난에서 우리를 지켜 주십시오."

모두 당연한 소망들입니다. 베드로는 그들에게 진정으로 고난을 이겨 낼 수 있는 힘, 모든 역경과 비방을 뚫고 일어날 수 있는 힘이 무엇인지를 소개하고 있습니다. 고난으로 인해 흩어져 살아가는 성도들을 위해 그가 부른 찬송을 들어 보기 바랍니다.

우리 주 예수 그리스도의 아버지 하나님을 찬송하리로다 그의 많으신 궁휼대로 예수 그리스도를 죽은 자 가운데서 부활하게 하심으로 말미암아 우리를 거듭나게 하사 산 소망이 있게 하시며 **벧전 1:3**

극심한 고난 속에서도 그들이 택한 것은 찬송이었습니다. 세상에서는 바보 취급을 당하고 나그네처럼 살았던 그들이 모든 고난을 이겨 낼 수 있었던 위대한 힘은 예수 그리스도 안에서 지녔던 산 소망 때문입니다.

어떤 소망일까요? 예수님이 나를 위해 십자가를 지심으로 우리의 모든 죄가 용서함을 받은 것에 대한 소망, 주님이 살아나심으로 우리도 살아나는 부활에 대한 진정한 소망이 그들의 삶을 죽음 앞에서도 당당하게 만들었습니다. 언젠가 삶에 죽음이라는 그림자가 찾아올 때, 죽음의 순간이 영원한 생명으로 들어가는 첫 문이라는 소망을 가졌기 때문입니다.

이 소망은 어떤 사람에게 주어질까요? 바로 예수 그리스도를 나의 주님으로 받은 사람, 하나님의 은혜로 주님을 나의 주인으로 모신 사람에게 주어지는 하늘의 선물입니다.

세상 종교는 때로는 죽음에서 초연하기를 가르치고, 죽음 이후에 윤회와 내세가 있다고 가르치지만 어떤 철학이나 종교도 절대 줄 수 없는 한 가지가 있습니다. 나를 대신해 하나님이 죽으셨다는 사실, 그분이 부활하셔서 영원한 나의 생명이 되셨다는 사실입니다. 이에 대해서는 세상 누구도, 어느 신적 존재도 침묵할 수밖에 없습니다. 호흡하는 모든 생명은 언젠가는 죽기 때문입니다.

베드로는 본래 이 소망을 품은 사람이 아니었습니다. 처음에 예수님의 부르심을 받고 따라나섰을 때 그의 가슴은 세상 소망으로 타오르고 있었습니다. 예수님이 언젠가 이 세상 왕의 자리에 오르실 때, 즉 그토록 고대했던 다윗 자손의 왕권을 회복하시는 때가 오면, 고생길이 끝나고 행복한 삶을 영위할 수 있을 것이라 소망했었습니다.

이런 베드로에게 어느 순간 하늘의 빛이 임했습니다. 하나님의 아들 예수를 만난 것입니다. 땅 위의 소망을 추구하던 인생에서 하늘의 소망을 위해 인생을 불태우는 사도로 바뀌었습니다. 예수님 때문에 받는 고난을 두려워했던 베드로는 예수님을 체험한 후, 복음 때문에 받는 고난을 감격스럽게 여겼습니다.

주님 때문에 매를 맞고 복음을 전하다가 감옥에 잡혀 들어갔지만 오히려 기뻐하며 찬양했던 베드로가 세상 사람의 눈에 어찌

정상으로 보였겠습니까. 하늘 소망으로 심장이 타올랐던 베드로가 고난 중에 있는 사람들에게 하는 말입니다.

"성도들이여, 고난과 눈물의 삶이라 할지라도 걱정하지 마십시오. 산 소망이 되시고 부활하신 예수님이 곁에 계십니다. 우리가 연약하여 쓰러진다 해도 우리 손을 붙들고 계시는 주님의 손은 강합니다. 역경의 파도가 거세게 몰려온다 해도 우리 선장 되신 분은 바다를 다스리시는 예수 그리스도입니다. 언젠가 이 땅의 삶을 마치는 날, 우리는 천국으로 올라가 주님과 함께 영원히 살아갈 것입니다. 그러니 형제자매들이여, 주님 안에서 담대하기 바랍니다."

이것이 산 소망을 가진 사람의 이야기입니다.

미국의 NBC 투데이 뉴스 앵커로 활동하는 사바나 거스리(Savannah Guthrie)가 《하나님이 주로 하시는 일》을 출간했습니다. 우리 삶이 어떻게 펼쳐진다 할지라도 여전히 하나님의 사랑을 발견할 수 있다는 내용입니다.

책 내용 중에는 2012년 12월, 코네티컷주의 조그마한 시골 마을에서 일어난 샌디훅 초등학교 사건을 다룬 부분이 있습니다. 괴한이 학교에 침입해 20명의 아이들을 포함해 교장, 교직원, 자신의 모친까지 살해한 후 자신도 자살로 생을 마친, 모두 28명이 사망한 미국 역사에 길이 남을 가슴 아픈 사건입니다. 당시 여섯 살 딸을 잃은 어머니에게 앵커 사바나가 인터뷰하며 한 질문입니다.

"딸을 잃은 끔찍한 고난 속에서도 여전히 신앙을 유지하고 있습니까?"

질문에 대한 어머니의 대답이 우리 가슴을 울립니다.

"내가 천국에 가면 두 가지 말을 듣고 싶습니다. 하나님으로부터는 '잘했다, 충성된 종아'라는 말을 듣고 싶으며, 다른 하나는 '엄마, 안녕' 하며 인사하는 내 딸의 목소리를 듣고 싶습니다."

이것이 하늘 소망을 가진 사람의 모습입니다. 내 모든 일이 잘될 것이기 때문에, 내가 앓고 있는 병이 다 나을 것이기 때문에, 현재 처한 상황이 다 좋아질 것이기 때문이 아닙니다. 내 인생이 어떻게 펼쳐진다 하더라도 하나님이 나와 함께하신다는 사실을 믿고, 그분이 나를 잘 아신다는 사실을 기억하는 사람, 땅 위의 어떠한 역경에도 내 삶의 뿌리는 천국에 있다는 사실을 확신하는 사람이야말로 진정한 소망을 가진 사람입니다.

당신이 가진 소망은 무엇인가

유로지비의 삶을 살아가는 사람이라면 인생 여정에 꼭 한 번은 들어 보아야 할 질문이 있습니다.

"당신은 어떻게 그런 소망을 가지고 있나요? 당신이 간직한 그 특별한 소망이 무엇입니까? 당신은 어떻게 그렇게 살아갈 수 있나요? 당신의 삶을 보면 지금의 극심한 고통이 전혀 나아질 것

같지 않고, 땀 흘려 정직하게 사는데도 당신에게 일어나는 일을 보면 억울함에 분노가 끓어오를 것 같습니다. 그런데 어떻게 평안과 소망을 가지고 살아갈 수 있습니까? 도대체 당신이 가진 소망은 무엇입니까?"

베드로는 이런 질문을 받을 때를 대비해 준비하라고 말합니다.

마지막으로 말하노니 너희가 다 마음을 같이하여 동정하며 형제를 사랑하며 불쌍히 여기며 겸손하며 악을 악으로, 욕을 욕으로 갚지 말고 도리어 복을 빌라 이를 위하여 너희가 부르심을 받았으니 이는 복을 이어받게 하려 하심이라 벧전 3:8-9

1세기의 그리스도인들은 아침이 밝아 올 때부터 고난에 둘러싸여 살았습니다. 함께 신앙생활 했던 귀한 형제자매가 한순간 고난받고 사라지기도 했습니다. 이런 상황에서도 하늘의 소망을 가지고 살아가는 사람들은 "우리는 그리스도 안에서 진정한 공동체가 되었으니, 사람들을 향해 긍휼한 마음을 가지자. 형제를 사랑하고, 불쌍히 여기고, 겸손한 마음을 가지자"고 했습니다. 이것이 땅 위에서 다른 세상을 사는 사람의 삶입니다.

여기서 가장 강조하는 것은 악을 악으로 갚지 말고, 욕을 욕으로 갚지 말며, 도리어 복을 빌라는 말씀입니다. 의를 위해, 주님을 위해 바르게 살려고 할 때 더 큰 핍박과 고난을 받았던 사람들입니다. 당연히 그들에게는 분노와 원망의 감정이 일어났을 것입니다.

"주를 위해 거룩하게 살려고 하는데, 어찌 이런 고난이 나에게 닥친다는 말입니까?"

그들에게도 "왜?"라는 질문이 여전히 가슴에 남았을 것입니다. 그런데 실제 그들의 고백은 이러했습니다.

"악을 당해도 악으로 갚지 말고, 고난을 당해도 원망하지 말며, 비방하지 말라. 오히려 욕을 당해도 그들을 축복하라. 고난을 받을 때 주님의 삶을 따라가는 것이니 기뻐하고 즐거워하라."

그들이 특별한 사람들이라 그랬겠습니까? 손톱 밑에 박힌 자그마한 가시에도 고통을 느끼며 살아가는 보통의 인간일 뿐입니다. 그러나 그들에게는 다른 시각이 있었습니다. 세상을 바라보는 다른 시각, 죽음과 삶을 바라보는 다른 시각입니다. 정체성이 다른 사람들이었던 것입니다. 그들은 하늘 시민권자로서 유로지비처럼 거룩한 바보로 살아갔습니다.

베드로의 삶 자체가 그러했습니다. 예수님의 제자였지만 세상에 뿌리내리려고 했던 베드로는 성령으로 충만해진 후 시각이 완전히 달라졌습니다. 모두가 죽음을 두려워하고 죽음 앞에서 벌벌 떨고 있을 때, 그는 온갖 매를 맞고 감옥에 잡혀 들어가는 위협 속에서도 감히 예수님의 흉내를 낼 수 없어 십자가에 거꾸로 못박아 달라고 청했습니다.

왜 그랬을까요? 정체성에 변화가 일어났기 때문입니다. 그 변화 때문에 매 맞는 것이 두렵지 않고, 예수님 때문에 고난받는 것을 너무나 기쁘게 여겼습니다. 히브리서 11장은 그런 사람들의 삶을 자세히 설명해 놓았습니다.

여자들은 자기의 죽은 자들을 부활로 받아들이기도 하며 또 어떤 이들은 더 좋은 부활을 얻고자 하여 심한 고문을 받되 구차히 풀려나기를 원하지 아니하였으며 또 어떤 이들은 조롱과 채찍질뿐 아니라 결박과 옥에 갇히는 시련도 받았으며 돌로 치는 것과 톱으로 켜는 것과 시험과 칼로 죽임을 당하고 양과 염소의 가죽을 입고 유리하여 궁핍과 환난과 학대를 받았으니 (이런 사람은 세상이 감당하지 못하느니라) 그들이 광야와 산과 동굴과 토굴에 유리하였느니라 히 11:35-38

읽을 때마다 눈시울이 뜨거워지고 심장이 뛰는 구절입니다. 여자들은 사랑하는 자기의 죽은 자들을 부활로 받아들이기도 했다고 기록하고 있습니다. 그들 가운데 사랑하는 자녀들이 왜 없었겠습니까. 자식을 잃는 처절한 고통 속에서도 믿음 하나로 하늘을 향해 걸어간 여인들입니다. 또 어떤 이들은 더 좋은 부활을 얻고자 하여 심한 고문을 받을 때 구차히 풀려나기를 원하지 않았으며 조롱, 채찍질, 결박, 옥에 갇히는 시련도 받았습니다. 그 과정에서 얼마나 많은 사람이 죽어 갔겠습니까.

돌로 쳐 죽임을 당하기도 하고, 톱이나 칼로 죽임을 당하고, 도저히 상상도 할 수 없는 극심한 고통을 겪는 것은 당시에 예수를 믿기에 고난받았던 사람들의 일상이었습니다.

죽음으로 고난의 삶을 마치고 주님께 간 사람들보다 더욱 고통에 처한 사람들도 있었습니다. 양과 염소의 가죽을 입고 떠돌아다니며 나그네처럼 살고, 궁핍과 환난, 학대를 받으며 광야와 산과 동굴과 토굴에 유리하며 살았던, 도무지 인간의 말로 표현할 수 없는 사람들입니다. 그런데 성경은 그들을 두고 놀랍게 표현합니다.

"이런 사람은 세상이 감당하지 못하느니라."

이렇게 살아가는 사람들을 볼 때 세상은 질문할 것입니다.

"당신이 가슴속에 가지고 있는 것이 무엇이기에 그렇게 살아갈 수 있단 말입니까? 톱날에 죽고 칼에 찔려 죽으면서도 하늘을 향해 잠잠하고 평온하게 미소 짓는 당신들, 땅 위에 정착해 좋은 집, 큰 집에 사는 것이 아니라 방황하며 떠돌아다니면서도 하늘을 향해 찬양을 올리는 당신들은 대체 누구란 말입니까? 대체 왜 그렇게 사는 것입니까?"

그들의 대답은 너무나 확고하고 간결합니다.

"예수님이 함께 계시기 때문입니다."

불안과 죽음, 초조함에서 벗어날 수 있는 길은 장수가 아닙니다. 백 년을 산다고 죽음의 두려움을 극복할 수 있는 것도 아닙니다. 중병이 낫는 것도 아닙니다. 죽음 앞에서 초연할 수 있는 것도 아닙니다. 나사로는 육신이 살아났지만 결국 다시 죽었습니다. 죽음 앞에 유일한 소망은 예수 그리스도, 살아 계신 예수의 부활입니다.

우리는 부활을 가진 사람들입니다. 그러니 이 땅의 사람들과는 전혀 다른 유로지비의 삶을 살아야 합니다. 초대교회 성도들이 그렇게 살아 냈습니다.

"그대들이 가진 소망은 어떤 것입니까?"

이런 질문을 받아 보았다면 제대로 살아가고 있는 것입니다. 만약 그렇지 않다면 스스로에게 물어보아야 합니다.

"나는 정말 세상 사람들이 모르는 다른 세계를 살아가고 있는가? 내 입술의 고백이 아니라, 사람들이 내가 다른 세계를 살아가고 있다는 것을 인정하는가? 비난과 고난, 억울함을 당해도 연연해하지 않고 마치 하늘을 향해 살아가는 사람처럼 살고 있는가?"

우리가 어느 정도 그렇게 살아간다면 "당신은 참 인내심이 많군요. 당신은 낙천적인 삶을 사는군요"라는 칭찬을 들을 것입니다. 하지만 그런 수준의 칭찬이 아닙니다. 사람으로서 감당할 수 없는 삶을 살아갈 때, "당신의 비밀이 무엇입니까? 도대체 당신은 어떤 사람입니까?"라는 질문을 받게 될 것입니다. 그리고 사람의 한계를 넘는 사랑과 인내를 볼 때 사람들은 우리 속에 계시는 예수 그리스도를 발견할 것입니다.

몇 해 전 코로나 팬데믹이 한창일 때 제가 섬기는 교회에서 한 인세계선교대회(KWMC)를 가졌습니다. 세계 각 나라를 섬기는 수백 명의 선교사님들이 선교 대회에 참석했습니다. 안타깝게도 비행기를 타고 오는 동안 많은 분이 코로나에 감염된 채 참석하게 되었습니다. 그렇게도 먼 거리를 비행해 왔지만 결국 예배당 안에 들어오지 못하고 바깥 뜰에서 영상을 통해 예배해야만 했습니다.

그분들을 숙소로 모시고 가기 위해 누군가의 도움이 필요했을 때 선뜻 나서서 도와준 성도님들이 있었습니다. 매일 숙소까지 모셔다 드리는 그분들의 모습이야말로 하늘에 소망을 두고 다른 모습으로 살아가는 사람들인 듯했습니다. 사람들은 그런 그들을 보면서 물을 것입니다.

"당신은 감염이 두렵지 않나요? 굳이 왜 그런 일을 감당합니까?"

상식을 초월하는 사랑과 헌신으로 인생을 살아가는 사람들, 하늘을 향해 하루하루 묵묵히 살아가는 그리스도인들이 유로지비의 삶을 사는 사람들입니다. 소망을 가지고 살아가는 모습은 말보다 더 강한 전도입니다. 위대한 전도는 예수님을 보여 주는 삶 자체입니다.

소망을 묻는 사람에게 어떻게 대답할 것인가

가슴에 깊은 소망을 품는 것도 중요하지만, 누군가의 질문에 지혜롭고 정중하게 대답하는 것 역시 중요합니다. 베드로는 누군가 소망에 대해 물어 올 때 이렇게 대답하라고 조언합니다.

너희 속에 있는 소망에 관한 이유를 묻는 자에게는 대답할 것을 항상 준비하되 온유와 두려움으로 하고 벧전 3:15

우리말에는 "온유와 두려움"이라고 번역되어 있지만 영어 성경에는 "신사답고 정중하게, 그를 존중하는 마음으로" 대답해 주라고 번역해 놓았습니다. 항상 대답할 준비를 하고 있으라는 부탁은 평소 그렇게 살아가고 있을 때 실천할 수 있습니다. 예수를 나의 주인으로 모시고 살아가는 사람은 어느 곳을 두드려도 예수가 나오는 사람입니다.

남자 골프 세계 랭킹 1위를 차지하며 공개적으로 예수 그리스도를 믿는 신앙을 고백해 이목을 끈 스코티 셰플러(Scottie Scheffler)의 인터뷰를 보았습니다. 앵커가 그에게 물었습니다.

"한 인간으로서 자신을 정의할 때 골프는 어디에 해당한다고 할 수 있나요?"

"골프는 내 삶의 엄청난 부분을 차지하지만, 한 사람으로서 나를 정의하는 것은 아닙니다."

그의 말에 앵커가 다시 물었습니다.

"그러면 자신을 정의하는 요소는 무엇이라 생각하나요?"

"저는 신실한 그리스도인입니다. 저는 창조주 하나님을 믿고 예수님을 믿습니다. 그것이 저를 규정하는 제 정체성입니다. 저는 유일하신 창조주를 믿으며, 최선을 다해 경기에 임하면서, 그것을 통해 하나님께 영광을 돌립니다. 나 자신을 규정하라면 바로 그것이 나 자신이 될 것입니다."

언젠가는 정상의 자리에서 내려와야 할 때가 있을 것이고, 그렇기에 세계 1위가 목적이 아니라는 것입니다. 그는 하나님 앞에서 자신의 모습을 정확하게 알고 살아가고 있습니다. 그렇기에 어떤 상황에서 누가 질문을 하든 당당히 대답하는 하나님의 사람입니다.

"항상 대답할 말을 준비하고 있으라. 온유와 두려움으로 하라"는 말을 달리 표현하면 이렇습니다.

"어떤 상황에도 신사답고 정중하게 대답하라."

이것이 하늘에 소망을 둔 사람이 살아가는 자세입니다.

오늘날 그리스도인들은 세상 사람들에게서 "그리스도를 믿는 사람, 교회 다니는 사람은 의외로 차갑다"는 말을 듣곤 합니다. 물론 그렇게 보일 때도 있을 듯합니다.

마틴 마티(Martin Marty)가 한 유명한 말이 있습니다.

"예의 바른 사람은 종종 신념이 없어 보이고, 신념이 강한 사람은 종종 예의가 없어 보인다."

우리 그리스도인들은 성경에 근거한 확실한 신앙을 가진 사람들입니다. 확고하고 분명한 신앙을 갖고 있으면서도, 온유함과 정중함, 존중하는 마음으로 사람을 대해야 합니다.

리처드 마우(Richard Mouw) 교수가 쓴 《무례한 기독교》는 우리를 참 뜨끔하게 합니다. 이 책은 그리스도인들이 마치 세상일을 다 아는 것처럼 함부로 말하는 것을 지적하면서, 그리스도인들이 어떻게 복음에 대한 확신을 가지면서도 정중하게 사람들을 대할 수 있는지를 잘 보여 주고 있습니다.

그렇다고 모든 것이 다 옳다고 주장하는 포용주의를 말하는 것이 아닙니다. 우리가 옳지만 독선적으로 보이는 대신 정중한 자세와 따뜻한 마음으로, 무례한 기독교가 아닌 정중한 기독교의 모습을 가지고 사람들에게 나아가라는 것입니다. 원수 같은 사람들에게마저도 정중하고 겸손한 마음으로 존경심을 가지고, 그러나 분명하고 확실하게 예수의 부활, 십자가의 사랑을 전하라는 것입니다. 이것이 바로 땅 위를 살아가지만 다른 세계를 살아가는 듯한 유로지비 정신을 가진 그리스도인의 모습입니다.

핍박받는 시대에 늘 순교의 그림자가 곁에 있는 상황에서 베드로가 들려주는 소망의 메시지는 마치 예수님이 우리에게 하시는 질문처럼 들려옵니다.

"그대는 이 소망을 가지고 있는가? 소망이 무엇이냐는 질문을 받아 본 적이 있는가? 그리고 이 소망에 대하여 물어 올 때 대답할 준비가 되어 있는가? 타협하지 않는 확신에 찬 모습이지만, 사랑이 몸에 밴 모습, 따뜻한 가슴을 지니고 미소 띤 모습으로 정중하게 대답하고 있는가?"

누가 이렇게 살아갈 수 있을까요? 예수를 품고 살아가는 사람, 천국을 소망하며 살아가는 사람만이 보여 줄 수 있는 삶입니다. 삶이 생각처럼 펼쳐지기 때문에 이 아름다운 노래를 부르는 것이 아닙니다. 유로지비의 정신, 거룩한 바보의 삶을 살아가는 사람들이 예수가 걸어가신 길을 따라갈 때 가능한 노래입니다.

언젠가 세상 여행을 마치는 날, 우리 주님 앞에 설 날을 기대하며 살아가는 사람, 그 영광의 날에 우리 뺨에 흐르는 눈물을 닦아 주실 주님을 믿고 사는 사람, 그런 사람은 인생이 어떻게 펼쳐져도 여전히 감사하고 기뻐할 수 있습니다. 하늘의 소망을 가진 사람이기 때문입니다. 소망 되신 예수를 가슴에 새겼기 때문입니다.

우리는 매일 새롭게 일어나

주님을 향해 묵묵히 걸어갈 것입니다.

하늘에 속한 그 영광스러운 소망을 가지고

매일 다시 자신을 세워

위의 것을 추구하면서 살아갈 것입니다.

9

술 찌꺼기에 취하지 말라

어린 시절 제가 살던 시골 마을 입구에는 이런 문구가 새겨진 큰 돌이 있었습니다.

"밀조주 없는 우리 마을."

우리 마을 사람들은 불법으로 술을 만들어 몰래 마시지 않는다는 말입니다.

한국이 가난했던 시절, 정부는 쌀 소비를 줄이기 위해 절미운동과 더불어 밀조주를 철저히 단속했습니다. 하지만 시골에서는 집집마다 밀조주를 만들어 마시곤 했고, 우리 집도 마찬가지였습니다. 항아리 단지에 찹쌀, 누룩 등을 넣고 구들방 아랫목에 수

일 동안 두면 효모가 부풀어 오르며 발효가 됩니다. 발효가 끝나면 면 보자기에 싸서 힘껏 쥐어짜 주면 탁주가 흘러 내려오고, 보자기 안에는 술을 짜낸 찌꺼기가 남습니다. 먹을 것이 귀한 시절이었기 때문에 술 찌꺼기를 먹고 얼굴이 벌게져서 다녔던 기억이 생생합니다.

하늘에 속해 하늘의 술맛을 아는 사람

술 찌꺼기를 한자로 '조백'(糟魄)이라고 씁니다. 장자가 쓴 하늘의 도를 가리키는 책 "천도편"에 보면 술 찌꺼기 이야기가 등장합니다. 춘추전국시대 제나라의 환공이 대청마루에서 책을 읽고 있을 때였습니다. 그 아래에서 수레바퀴를 깎아 만들고 있던 윤편이 왕에게 질문합니다.

"왕이시여, 무엇을 읽고 계시옵니까?"

"옛 성현의 책을 읽고 있네."

"그분은 지금 살아 있는 분입니까?"

"이미 돌아가신 분일세."

"돌아가신 분의 책을 읽는 것은 조백, 즉 술 찌꺼기에 불과합니다."

이에 왕이 분노했습니다.

"그 이유에 대해 나를 납득시키라. 그렇지 않으면 목숨을 내놓아야 할 것이다."

그러자 윤편이 대답합니다.

"왕이시여, 저는 이 수레바퀴를 깎는 일에 평생을 바쳤습니다. 수레바퀴 축에 들어가는 굴대를 너무 작게 만들면 헐거워서 돌아 가지 않고, 너무 크게 만들면 끼워지지 않습니다. 그것은 말로 설 명할 수 있는 것이 아니어서 단지 손의 느낌과 마음의 눈으로 크 기를 측정할 뿐입니다. 이 기술을 자식에게 전수하고 싶지만 말 로 설명할 수 없는 탓에 노쇠한 제가 아직까지 이 굴대를 깎고 있 습니다. 아무리 성현의 가르침이라 해도 그 깨달음을 그대로 전 달하는 것은 불가능합니다."

윤편이 왕에게 들려주고자 한 말은 무엇이었을까요? 과거 성 현들이 경험했던 일과 깨달음을 그대로 현재에 끼워 맞추는 것은 어리석다는 것을 알려 주고 싶었을 것입니다. 무엇이든지 내가 직접 경험해 보고 체험해야 진정한 나의 것이 된다는 말일 것입 니다. 다른 사람의 말을 듣고 가르침을 통해 얻는 것은 잘못하면 '조백', 술 찌꺼기에 불과할 수 있습니다.

신앙생활도 마찬가지입니다. 예수 그리스도를 정말 알고 따 라가는 사람이 있고, 예수님에 대해 알지만 그냥 살아가는 사람 이 있습니다. 즉 예수 그리스도라는 진짜 술맛을 알고 주님을 따 라가는 사람과 예수를 따라가지만 술 찌꺼기에 취해서 살아가는 사람이 있다는 말입니다. 주의해야 할 점은 술 찌꺼기를 마셔도 술에 취할 수 있다는 것입니다. 하지만 하늘의 진정한 술을 두고도 그 하늘의 술맛을 몰라 술 찌꺼기에 취해 살아간다면 너무 안타까운 삶 아닐까요?

하늘의 술맛을 알고 살아가는 이들은 어떤 삶을 살까요? 예수 그리스도를 만난 사람, 십자가의 진리뿐만 아니라 부활하신 주님, 천상의 숭고한 예수 그리스도를 만난 사람은 인생의 주인이 바뀝니다. 예수님이 나의 구원자이실 뿐만 아니라 나의 주인이 되시기에 내 삶을 그분께 맡기게 되는 것입니다.

하나님이 분명한 목적을 가지고 우리를 세상에 보내셨다는 것을 깨닫고, 나를 보내신 하나님을 만나서 나 자신을 발견하게 되면, 그때 인생의 진정한 가치를 깨닫게 됩니다. 하늘에 속한 사람, 정말 하늘의 술맛을 알고 살아가는 사람이 됩니다.

그렇다면 조백, 술 찌꺼기를 먹고 살아가는 사람은 어떨까요? 그는 예수님을 믿고 살아간다고 하지만 모든 관심이 세상에 집중되어 있는 사람, 예수가 주님이 되시지 못하고 인생의 주인이 자신이라고 생각하는 사람입니다.

자신에게 한번 물어보기 바랍니다.

"나는 정말 하늘의 술맛을 알고 살아가는 사람인가, 아니면 술 찌꺼기 같은 것에 취해 진짜 하늘의 술맛을 모른 채 살아가고 있는 사람인가?"

인생을 낭비하지 마라

존 파이퍼(John Piper) 목사의 설교 가운데 "여러분의 삶을 낭비하지 마세요"(Don't waste your life)라는 제목으로 우리 가슴을 울리는 설교가 있습니다. 수천 명의 젊은이들과 대학생들을 앉혀 놓고, 정말 피를 토하는 심정으로 전했던 그의 설교가 지금도 제 가슴에 생생히 남아 있습니다. 그는 많은 사람이 여전히 아메리칸드림을 추구하고 있다고 하면서 당시 〈리더스 다이제스트〉에 실린 이야기를 들려주었습니다.

밥과 페이 부부의 이야기입니다. 밥은 59세이고, 페이는 51세입니다. 두 사람은 일찍 일을 시작해서 비교적 빨리 은퇴를 했고, 플로리다에서 살면서 9미터짜리 요트를 타고 바다를 유람합니다. 해변가에서 소프트볼 놀이를 하고 바닷가에서 조개껍데기를 주워 모으며 행복한 여생을 즐기고 있습니다.

파이퍼 목사는 그 이야기를 들려주며 이렇게 말합니다.

"인생 노년에 바닷가에서 조개껍데기나 주우면서 그것이 행복이라고 여기는 사람들이야말로 가장 비극적인 인생입니다. 하나님은 우리를 고결한 목적과 하늘의 숭고한 사명을 가지고 살도록 만드셨습니다. 그런데 그 모든 사명을 잃어버리고 이렇게 살아가는 것이야말로 최고의 비극입니다."

그리고 젊은이들을 향해 강하게 도전합니다.

"여러분, 제발 그런 삶을 살지 마십시오. 내 심장에서 터져 나오는 가슴으로 여러분에게 간곡히 부탁합니다. 제발 그런 삶을 꿈꾸지 마십시오. 좋은 집, 좋은 차, 좋은 직장, 좋은 가족, 은퇴 후 조개껍데기를 주우며 즐기는 삶을 추구하는 어리석음에 빠지지 마십시오. 언젠가 심판주 앞에 서게 되는 날, '주님, 보십시오. 제가 모은 조개껍데기입니다. 제가 탔던 요트입니다' 하겠습니까? 제발 그것들을 주님 앞에 내어놓는 인생이 되지 마십시오."

파이퍼의 설교는 오늘을 살아가는 우리의 가슴에 여전히 울림을 줍니다. 젊은이들뿐이겠습니까? 직장 생활을 하는 사람들에게도, 은퇴한 사람들에게도 똑같이 거대한 울림으로 다가옵니다. 신앙이 있는 사람이든, 신앙이 없는 사람이든 모든 사람의 가슴에 송곳처럼 파고드는 한마디입니다.

술 찌꺼기 같은 것을 동경하면서 그것에 휩쓸려 내 삶을 바치고, 내 모든 진액을 다 쏟으려고 하는 이 시대의 많은 사람을 향해 파이퍼는 절규하듯 외칩니다.

"제발 이런 일에 인생을 낭비하지 마십시오."

사실 우리를 향해 들려주시는 예수님의 외침 아니겠습니까?

"내가 너를 고결한 나의 창조물로 만들었는데, 세상에서 너를 건져 내어 하늘의 사명을 심어 주었는데, 그 고결한 사명을 다 잃어버리고, 조개껍데기 줍는 것을 꿈꾸고 요트 타고 노후를 보내는 것을 행복이라고 여긴다면, 너무나 안타깝고 서글픈 삶이 아닌가! 제발 이런 일에 고귀한 인생을 낭비하지 말라!"

우리도 스스로에게 진실하게 질문해 봐야 합니다.

"나는 정말 하늘에 속해 있는 천상의 술을 맛본 사람이 맞는 가? 예수 그리스도의 십자가와 부활이라는 그 고결한 하늘의 술에 취해서 살아가고 있는가? 아니면 술 찌꺼기 같은 것에 취해서 그것이라도 먹으려고 안간힘을 쓰며 분주하게 살아가고 있는가?"

위의 것을 추구하는 새로운 삶의 패턴

하늘의 진짜 술을 맛본 사람, 하늘에 소망을 둔 사도 바울의 고백을 들어 보시기 바랍니다. 예수님을 만난 후 바울이 사용하는 특별한 단어가 하나 있습니다. '배설물'입니다. 지금까지 바울은 신실하고 성실하게 살아왔습니다. 모든 사람에게 존경을 받았으며, 나름대로 세상에서 성공했고, 정직했습니다. 종교적으로도 율법 앞에서 흠 하나 없이 살아온 경건한 사람이었습니다.

세상에서 누가 보더라도 완벽하게 살아온 바울, 그에게 혁명 같은 변화가 일어났습니다. 부활하신 예수님을 만난 것입니다. 주님의 눈으로 자신을 보았을 때 모든 것이 달라졌습니다. 지금까지 추구해 왔던 모든 것이 하찮은 배설물로 보이기 시작했습니다. 왜 그랬을까요? 예수님을 알아 가는 것이 가장 고상하고, 주님을 닮아 가는 것이 너무나 감격적이었기에, 지금까지 자신이 걸어왔던 모든 삶이 이제 와 돌아보니 술 찌꺼기에 불과했던 것입니다.

그렇다면 정말 천국을 맛본 사람, 하늘 생명의 술을 맛본 사람, 영원한 천국에 소망을 둔 사람의 삶은 어떠해야 할까요?

그러므로 너희가 그리스도와 함께 다시 살리심을 받았으면 위의 것을 찾으라 거기는 그리스도께서 하나님 우편에 앉아 계시느니라
골 3:1

우리의 정체성이 무엇인지를 한마디로 잘 보여 줍니다. 우리는 예수 그리스도와 함께 죽었다가 예수 그리스도와 함께 살아난 사람들입니다. 주님과 함께 십자가에 죽은 것이 너무나 확실한 것처럼 주님과 함께 다시 살아날 것도 너무나 확실합니다. 그런 사람에게 주어진 것이 하늘의 소망입니다. 바울은 하늘에 속한 사람의 정체성을 계속해서 강조합니다.

이는 너희가 죽었고 너희 생명이 그리스도와 함께 하나님 안에 감추어졌음이라 골 3:3

"우리의 영원한 생명이 예수 그리스도와 함께 하나님 안에 감추어져 있다!"

이보다 더 분명한 구원의 확신과 영생의 보장이 세상 어디에 있을까요. 십자가 위에서 죽은 사람, 예수의 부활로 말미암아 거듭난 사람에게는 하늘의 생명수, 하늘의 술을 맛본 새로운 인생이 있습니다. 이 땅 위에 발을 딛고 서 있지만 세상에 속하지 않은 사람, 하늘의 영원한 소망을 향해 묵묵하게 걸어가는 순례자가 된 것입니다.

그런 사람에게는 천상에 속한 전혀 다른 삶의 패턴이 있기 마련입니다. 바울은 이런 신자의 삶을 간결하게 한마디로 정리합니다.

위의 것을 생각하고 땅의 것을 생각하지 말라 골 3:2

술 찌꺼기가 아닌 천상의 술을 맛본 사람, 숭고한 주님을 맛본 사람에게는 새로운 인생이 펼쳐집니다. 위의 것을 추구하는 새로운 삶의 패턴이 생겨나고, 더 이상 땅의 것에 지배당하지 않습니다.

여기서 "위의 것"과 "땅의 것"은 무엇일까요? 하늘의 것을 찾는다는 것은 세상에서 살고 있지만 하나님이 원하시는 것이 무엇인지 알고, 육신을 입고 살아갈지라도 하나님이 부여하신 사명에 눈을 뜨고 그 사명을 향해 달려가는 것을 말합니다. 이런 사람은 인생의 목적이 명확합니다.

인생의 과정 역시 달라집니다. 각자 열심히 직장 생활을 하고,

자녀들을 키우고, 사람들을 만나며 살아갑니다. 그러나 삶을 바라보는 시각에 변화가 일어납니다. 직장의 문을 열 때 목적이 달라집니다. 직장이 경제활동을 하는 수단이 아니라 먹든지 마시든지 하나님의 영광을 위한 것이기에, 일터가 사명터가 됩니다. 사람을 대할 때도 하나님의 형상을 대하듯이 정중하게 대합니다. 자녀들을 대할 때도 마찬가지입니다. 하나님이 우리에게 청지기로서 자녀들을 맡기셨다는 사실을 알면 자녀 교육에도 혁명이 일어납니다. 한마디로 말해 위의 것을 추구하는 것은 예수님을 알고, 닮아 가고, 따라가는 인생을 뜻합니다.

그렇다면 추구하지 말아야 하는 땅의 것은 무엇인가요? 세상에 속한 것, 숭고한 하나님을 보지 못하는 것, 교회를 다니고 신앙생활을 하지만 모든 관심이 땅에 집중되어 있는 것, 물질을 따라 살아가는 것, 자신의 명예를 따라 사는 것, 하나님의 자리에 우상을 놓고 살아가는 것, 이 모든 것이 땅 위를 추구하는 삶, 술 찌꺼기를 추구하는 삶입니다.

최근 한국을 방문해 고등학교 친구를 만났습니다. 지역에서 명망 있기로 소문난 고등학교에서 공부를 매우 잘해 전교 1등을 하던 친구였습니다. 저와는 고교 2학년 때 같은 반이었다가 졸업 후로 헤어졌으니 꽤 오랜 세월이 흐른 후 만난 셈입니다.

"나 누군데, 너 기억하겠니?"

한국의 한 교회에서 설교를 마친 후에 친구가 찾아와서 건넨

첫마디였습니다. 친구의 이름을 듣는 순간 40년 전의 시간이 마치 어제처럼 느껴졌습니다. 친구가 들려주는 간증에 하나님이 행하신 놀라운 일이 마치 나 자신에게 일어난 듯 잔잔한 감동이 밀려왔습니다.

친구는 학교를 다닐 때도 모두에게 모범이 되는 착실한 학생이었습니다. 명문대를 졸업하고 일찍이 고시에 패스해 근무하는 직장마다 인정받으며 세상에서 크게 성공을 누렸습니다. 은퇴 후에도 한국에서 손꼽히는 대형 법무법인의 고문으로 일하며 존경을 받고 있습니다.

친구는 본래 신앙이 없었습니다. 좋은 신앙의 배우자를 만났고, 예수를 믿지 않으면 결혼을 허락할 수 없다는 예비 처가의 완강함에 세례를 받고 결혼생활을 시작했습니다. 세례를 받는다고 해서 누구나 예수님을 알게 되는 것은 아니지요. 아내를 따라 교회를 나갔지만 예수님을 모른 채 다녔습니다.

친구의 아내는 교회에서 인정받는 권사로 성품이나 열심이 남다른 분이었습니다. 이전에는 함께 선교를 가기 원한다는 아내의 말에 자신과는 관계없는 남의 일이라는 듯이 외면하곤 했습니다. 그러던 친구에게 기적이 일어났습니다. 하나님이 그를 만나주신 것입니다. 그때 사랑스러운 눈빛으로 남편의 말에 귀를 기울이던 친구의 아내가 차분한 어조로 한마디 건넸습니다.

"목사님, 남편이 정말 바울처럼 예수님을 만났어요."

친구는 어려운 가정 환경에서 자라나 열심히 공부해 세상에서 인정받고 성공하는 삶을 원했고, 최선을 다한 끝에 마침내 뜻을 이루며 가는 곳마다 최고의 인정을 받았습니다. 그런 친구가 제 눈앞에서 들려주는 간증을 들으면서 신앙의 형제를 만난 기쁨에 얼굴 가득히 미소가 지어졌습니다. 그리고 마음 깊숙한 곳에서는 그를 향한 하나님의 은혜가 너무나 생생해 감사의 눈물이 흘렀습니다.

"세상의 성공을 위해서 달려왔는데, 내가 예수님을 만나고 나니까 모든 것이 새롭게 보였단다. 그렇게 사는 게 아니었는데."

친구는 하나님이 넘치도록 은혜를 주셨기에, 주님이 필요하다 하신 곳이 있다면 자신의 물질을 기꺼이 보내 드리고 싶다고 말했습니다. 진정한 사람의 변화를 보려면 물질을 대하는 자세를 보라는 말이 있지요. 친구의 고백에 저는 한 시대 아름다운 추억을 공유한 친구를 넘어 영적 동지를 만난 감격에 가슴이 벅차올랐습니다.

친구와 대화를 나누면서 가장 감동적인 모습은 그의 옆에 앉아 차분히 이야기를 듣고 있던 아내 권사님의 눈빛이었습니다. 남편의 간증을 들으면서 너무나 행복해하며 감사하는 아내의 모습을 보았습니다. 이것이 바로 하늘의 예수를 맛본, 천상의 술맛을 맛본 사람의 위대한 변화입니다. 세상 누구도 이해할 수 없는 위대한 변혁이요, 오직 하늘의 찬란한 영광을 체험한 사람에게서만 기대할 수 있는 변화입니다.

자신에게 한번 진솔하게 질문해 보기 바랍니다.

"나의 진정한 소망은 어디에 있는가?"

그렇게도 열심을 내어 달려가는데, 내가 바라보는 목적지가 무엇인지, 하나님이 맡겨 주신 하늘의 사명에 사로잡혀 달려가는지, 아니면 내 모든 관심이 나를 중심으로 흘러가고 있는지 살펴보기 바랍니다.

예수를 만난 사람이라면 누구나

하늘에 속한 생명수를 맛본 사도 바울이 예수를 만났을 때 일어난 위대한 인생 변화를 우리는 잘 알고 있습니다. 바울은 어린 시절부터 하나님을 향한 열정이 특별했습니다. 최고의 학문을 익혔고, 탁월한 재능으로 젊은 날 세상에서 권력과 명예를 누렸습니다. 율법 앞에서도 흠 하나 없는 참으로 완벽한 사람이었습니다. 그에게 유일한 문제는 예수를 몰랐다는 것입니다.

그런 바울에게 예수님이 찾아오셨습니다. 하늘 문이 열리고 하늘의 술을 맛보게 된 것입니다. 그때 터져 나온 찬란한 고백이 있습니다.

내가 궁핍하므로 말하는 것이 아니니라 어떠한 형편에든지 나는 자

족하기를 배웠노니 나는 비천에 처할 줄도 알고 풍부에 처할 줄도
알아 모든 일 곧 배부름과 배고픔과 풍부와 궁핍에도 처할 줄 아는
일체의 비결을 배웠노라 빌 4:11-12

자신의 인생에 어떤 상황이 펼쳐진다 해도 모든 것에서 자유
함을 노래하는 바울입니다. 모든 것을 누릴 수 있었던 자리에서
뱉은 고백이 아닙니다. 감옥 안에서, 언제 죽음이 다가올지 모르
는 처참한 상황에서 부른 노래입니다.

"어떤 삶이라 해도 자유할 수 있는 일체의 비결을 배웠노라."

세상 모든 것에 대한 가치를 포기했기 때문이 아닙니다. 십자
가 너머 숭고한 주님의 부활을 체험했기 때문입니다. 하나님 우
편에 앉아 계신 거룩하신 주님을 향해 눈이 열렸기 때문입니다.

바울뿐만이 아닙니다. 예수를 만난 사람이라면 모두가 하늘
에 속한 사람으로 부름을 받았습니다. 천상의 예수를 만난 사람
들입니다. 그들에게 바울이 외칩니다.

"이제 위의 것을 찾으라."

이렇게 말하는 바울의 눈빛을 한번 상상해 보기 바랍니다. 나
무라듯이 하는 말이 아닙니다. 세상에 빠져 있는 우리를 안타까
운 눈빛으로 보며 들려주는 바울의 애틋한 마음이 느껴지지 않습
니까? 다른 세계를 모르고 살아가는 우리를 향한 바울의 안타까
운 가슴이 보이지 않습니까?

교회를 다닌다고 저절로 이루어지는 일이 아닙니다. 하늘을 향해 살아가는 사람, 하늘에 소망을 두고 매일 호흡하는 사람에게는 반드시 특별한 만남이 있어야 합니다. 천상의 예수 그리스도를 만나는 체험이 있어야 이 영광스러운 삶을 살 수 있습니다.

우리나라에 존경받는 원로 배우 신영균 씨가 있습니다. 벌써 100세 가까운 나이가 되었고 300편이 넘는 한국의 명작들에 출연하고 영화를 제작했습니다. 영화관을 인수해 많은 물질을 소유하기도 하고, 두 번의 국회의원을 지내고, 우리나라 최초의 볼링장을 오픈하기도 했습니다. 세상에서 큰 성공을 거두었지만 그럼에도 술, 담배를 전혀 하지 않으며, 많은 이들로부터 진심 어린 존경을 받는 특별한 배우입니다.

그의 훌륭한 업적 중 무엇보다 특별한 것은 하나님과의 관계입니다. 500억 재산을 기부하고, 세상을 떠나기 전 남아 있는 모든 재산을 기부하기 원한다고 언론사의 대담에 남기기도 했습니다. 그에게 기자가 물었습니다.

"선생님의 삶에 가장 큰 영향을 끼친 분이 누구입니까?"

그는 망설임 없이 대답했습니다.

"하나님이십니다. 어린 시절부터 나와 함께하신 하나님, 내 모든 것을 지키시는 하나님입니다. 하나님이 함께하지 않으셨다면, 내 인생은 아무런 의미도 없었을 것입니다. 세상을 떠날 때는 딱 하나만 가지고 가면 됩니다. 내가 평생 읽어 왔던 성경책 한 권,

그것이면 족합니다.”

그러고는 자신이 가장 좋아하는 성경 구절을 읽으며 인터뷰를 마쳤습니다.

“나의 나 된 것은 오직 하나님의 은혜라”(고전 15:10, 개역한글).

누가 이렇게 살아갈 수 있을까요? 하늘의 술, 예수 그리스도의 십자가와 부활을 진정으로 맛본 사람입니다. 아침 이슬처럼 쉬이 사라지는 세상이 아니라 영원한 하늘나라에 소망을 둔 사람의 가슴에서 흘러나오는 고백입니다.

사도 바울에게도 이러한 변화가 일어났습니다. 예수 믿는 사람을 잡으러 가던 길에 예수님이 그에게 나타나셨습니다.

“당신은 누구십니까?”

“네가 핍박하고 있는 예수라.”

바울은 예수님을 만난 뒤, 영의 눈이 열리고 모든 것이 새로워졌습니다. 천상의 예수 그리스도, 하늘의 술을 진짜 맛보게 된 것입니다. 그제야 자기 자신의 삶을 새롭게 해석하게 된 바울은 지금까지 열심을 내며 살아왔던 모든 날이 술 찌꺼기와 같다는 사실을 깨달았습니다. 이런 바울을 누가 이해했겠습니까. 죄인으로 끌려가서 베스도왕 앞에서도 전도하는 바울을 향해 그가 기가 막혀 소리칩니다.

“바울아, 너의 그 많은 학문이 진정 너를 미치게 했구나.”

바울은 미친 것이 아닙니다. 예수 그리스도를 만난 것입니다.

스데반이 하나님의 말씀을 전하고 돌에 맞아 이 땅을 떠날 때를 기억합니까? 그는 "하늘이 열리고 예수님이 하나님 우편에 서신 것을 보노라"고 외쳤습니다. 사람들이 어떻게 반응했습니까? 일제히 그에게 달려들어 돌로 쳐 죽였습니다. 자신을 향해 돌을 던지는 사람들을 향해 스데반이 천상의 미소를 짓고 기도를 드립니다.

"아버지여, 이 죄를 그들에게 돌리지 말아 주십시오."

돌에 맞아 죽으면서까지도 그들을 위해 기도했던 사람, 하늘에 소망을 둔 사람의 모습입니다.

세상 너머의 삶을 살라

사도 바울과 스데반의 고백이 어떻게 들리나요? 복음의 일꾼으로 살아가다가 감옥에서, 또는 비참하게 돌에 맞아 순교의 제물로 사라진 그들의 삶을 보면서 무엇을 느낍니까?

여전히 우리 중에는 밥과 페이 부부처럼 빨리 은퇴하고 요트를 타고 즐거이 유람하며 바닷가에서 조개껍데기나 줍는 인생을 행복이라고 여기는 사람들이 있습니다. 그들의 눈에는 돌에 맞아 죽어 가면서도 그들의 죄를 용서해 달라고 외치는 사람의 모습이 너무나 어리석게 보일 것입니다. 세상에서 모든 것을 누릴 수 있음에도 감옥에서 죽어 가는 바울을 보며 "굳이 그렇게 살아야 하는가?" 묻고 싶은 분도 있을 것입니다.

파이프 목사의 피맺힌 절규를 다시 한 번 떠올려 보기 바랍니다.

"하나님이 주신 모든 사명을 팽개쳐 버리고 편안한 노후를 꿈꾸며 바닷가에서 조개껍데기나 모으는 삶에서 인생의 행복을 찾는 사람들이야말로 가장 비극적인 인생입니다!"

누가 이렇게 외칠 수 있습니까? 천상의 빛을 본 사람, 하늘의 태양 빛을 본 사람들만이 할 수 있는 외침입니다. 부디 호롱불, 촛불에 관심 두지 마십시오. 우리는 하늘의 태양 빛을 본 사람들입니다. 하늘의 태양 빛을 본 사람은 화려한 샹들리에의 불빛에 마음을 빼앗기지 않습니다. 천만인이 무시하고 핍박한다 하더라도 하늘의 빛을 본 사람들에게는 그들만이 누리는 영광스러운 기쁨이 있습니다. 찬란한 환희의 모습이 있습니다.

우리는 세상의 어떤 상황에서도 지극한 만족을 알았노라고 외치는 바울의 고백을 들었습니다. 그런 사람은 세상 어떤 것에도 얽매이지 않는 진정한 자유인입니다. 하늘을 보았고 예수를 가슴에 새겼기 때문입니다. 하늘의 진정한 술을 맛보았고, 숭고하신 예수 그리스도를 만났기 때문입니다.

그러나 우리는 그렇게 살기에는 언제나 연약하고, 우리의 관심은 여전히 땅에 집중되어 있습니다. 주님 앞에 늘 죄송한 마음으로 살아갈 수밖에 없는 이유입니다. 그럼에도 불구하고 우리가 소망의 노래를 부르는 데는 까닭이 있습니다. 우리의 상황을 너무나 잘 아는 바울의 고백입니다.

> 우리 생명이신 그리스도께서 나타나실 그때에 너희도 그와 함께 영
> 광 중에 나타나리라 골 3:4

우리가 지금은 부족하고 연약하고 넘어질 때가 있지만 주님
이 다시 오시는 날, 우리도 주님과 함께 영광스런 모습으로 주님
앞에 서게 될 것입니다. 언젠가 역사의 어둠을 가르고 세상에 주
님이 재림하십니다. 주님을 기다리는 사람은 자신의 연약함에 주
저앉지 않습니다. 우리를 완성해 가실 주님을 믿기 때문입니다.
아무리 화려한 세상이 주어진다 해도 땅 위에 뿌리내리지도 않습
니다. 우리의 뿌리는 이미 천국에 내려져 있다는 것을 알기 때문
입니다. 지상의 삶이 힘겹고, 늘 자신의 한계로 괴로워한다 할지
라도 우리는 다시 일어나서 천국의 소망을 향해 달려가게 될 것
입니다.

단 한 번 살아가는 짧은 인생입니다. 술 찌꺼기에 만족하면서
그것을 더 채우느라 애쓰며 인생을 보내기에는 삶이 너무나 짧고
아깝습니다. 언젠가 지상의 삶을 다 마치고 주님 앞에 설 날이 올
것입니다. 그날 우리는 진짜 하늘의 술인 예수 그리스도를 맛보
게 될 것입니다. 그토록 사모하던 주님의 얼굴을 직접 맞대고 볼
것입니다. 그날까지 우리는 매일 새롭게 일어나 주님을 향해 묵

매일 소망

묵히 걸어갈 것입니다. 하늘에 속한 그 영광스러운 소망을 가지고 매일 자신을 다시 세워 위의 것을 추구하면서 살아가게 될 것입니다. 그리고 언젠가 이 땅의 싸움이 다 끝나는 날, 우리의 연약함을 벗고 주님 앞에 서는 광경이 눈앞에 펼쳐질 것입니다.

하늘의 술을 맛보고 일생을 고결하게 살아갔던 한 사람, 모든 세기의 사람들에게 사랑을 받는 쇠렌 키르케고르(Søren Kierkegaard), 그는 42세의 아까운 나이에 세상을 떠났지만 예수 그리스도를 만난 후에 하늘의 술에 영혼을 적시며 살았던 하나님의 사람입니다. 그의 묘비명이 우리 모두의 고백이 되기를 바랍니다.

때가 잠시 지나면
나는 반드시 승리하리라

모든 싸움은 마침내 끝나고
나는 반드시 안식하리라

붉은 장미 꽃송이 아래서
언제까지나 언제까지나
나는 예수님과 이야기하리라

하나님이 계시고,

하나님이 예비하신 천국이 우리 앞에 있기에

유한한 세상 삶 속에서도 평안을 누릴 수 있습니다.

모든 불완전한 것이 새롭게 되는 그날을 소망하며

오늘을 이겨 내십시오.

최고의 순간은 아직 오지 않았다

　　신자들이 이 땅에서 가장 바라는 마지막 소망은 무엇일까요? 언젠가 우리가 그토록 사모하고 사랑하는 하나님이 계시는 천국에 입성하는 일, 주님이 두 팔 벌리고 우리를 맞이해 주실 하늘나라로 이사 가는 천국의 소망일 것입니다. 주님 곁에 서야 할 순간을 기다리는 분이나 그 가족에게는 영원한 생명을 누리는 천국이 있다는 사실보다 더 큰 위안과 소망은 없을 것입니다.

　　저는 어머니가 주님 품에 안기신 지가 25년이 지났는데도 여전히 아픔과 그리움에 눈시울을 적실 때가 있습니다. 그러나 슬픔의 눈물이 감사와 소망의 눈물로 바뀌는 이유는 언젠가 주님 앞에 다시 만날 날을 기대하기 때문입니다.

우리가 그토록 소망하는 천국

천국을 소망하면 우리 삶에는 어떤 변화가 일어날까요? C. S. 루이스(C. S. Lewis)는《순전한 기독교》에서 이렇게 말합니다.

"오늘날 그리스도인이 이토록 무기력해진 이유는 그들이 내세에 대한 생각을 중단했기 때문이다. 천국을 목표로 하면 세상을 덤으로 얻지만 세상을 목표로 하면 둘 다 잃게 될 것이다."

천국을 소망하면 땅 위의 삶도 의미 있고 소중하게 보내게 될 것이며, 생명이 있는 한 천국 소망으로 인생을 불태우게 될 것이라는 루이스의 이 말은 땅 위에 살아가는 날 동안 거대한 울림으로 다가옵니다.

우리가 그토록 소망하는 천국은 어떤 곳일까요? 천국에 대해 가장 생생하게 묘사되어 있는 성경 말씀은 요한계시록의 마지막 장인 22장입니다. 이 본문은 제게 아련한 추억을 떠올리게 하는 말씀이기도 합니다.

미국에서 목회를 시작한 지 얼마 지나지 않아 장로님들을 모시고 영국으로 선교지 탐방을 가게 되었습니다. 선교지로 이동하던 중에 한국에 계신 아버지가 주님 품에 안기셨다는 소식을 들었습니다. 곧바로 한국에 들어가 장례 일정을 마치고 아픈 마음으로 미국에 돌아왔을 때 제가 섬기는 교회의 원로목사님이셨던 이원상 목사님이 저희 가족을 위해 추모예배를 집례해 주셨습니다. 그때 위로의 말씀으로 전해 주신 말씀이 요한계시록 22장 말씀입니다.

목사님의 한마디 한마디는 아직도 제 가슴에 소망과 위안으로 깊이 새겨져 있습니다. 그 말씀 가운데 제 마음을 가장 깊이 울렸던 한마디가 있습니다.

"아들이 전해 준 복음으로 예수님을 믿게 된 아버님이 천국에서 눈을 뜨셨을 때, 아버님은 깜짝 놀라셨을 것입니다. 아들에게 말로만 들었던 것과는 비교할 수 없을 정도로 아름다운 천국을 눈으로 보았기 때문입니다."

당신을 구원하시고 인도하신 예수님께도 감사하지만, 아들에게도 참 고마워하실 것이라는 목사님의 말씀에 잔잔한 위안을 받았습니다.

성경은 천국을 어떻게 묘사하는가

천국의 모습은 사람의 언어로 표현될 수 있는 것이 아닙니다.

요한계시록 22장의 말씀도 마찬가지입니다. 아무리 사도 요한이 천국을 실감 나게 묘사한다 해도, 심지어 환상 중에 천국을 다녀 온 사도 바울이 천국을 설명한다 해도 언어로 표현할 수 있는 것은 천국의 그림자 정도일 뿐입니다.

과연 천국은 어떤 곳일까요? 요한계시록에서 천국을 설명하면서 가장 먼저 보여 주는 것은 생명수의 강과 생명나무입니다. 생명은 이 땅을 떠날 때에 사라지는 것이 아니라 불완전한 지상의 생명이 천국에서 영원히 누리는 생명으로 바뀐다는 것을 보여 줍니다.

또 그가 수정같이 맑은 생명수의 강을 내게 보이니 하나님과 및 어린양의 보좌로부터 나와서 길 가운데로 흐르더라 강 좌우에 생명나무가 있어 열두 가지 열매를 맺되 달마다 그 열매를 맺고 그 나무 잎사귀들은 만국을 치료하기 위하여 있더라 계 22:1-2

천국을 묘사하며 보여 주는 생명수의 강과 생명나무에서 '생명'은 단지 목숨을 의미하는 것이 아닙니다. 우리말은 '생명'이라는 단어가 한 의미로 쓰이지만 헬라어는 두 가지 의미가 있습니다. '프쉬케'의 생명과 '조에'의 생명입니다. 프쉬케의 생명은 부모로부터 물려받은 생물학적 생명, 즉 육체적 생명을 말합니다. 조에의 생명은 예수님을 믿음으로써 얻는 영원한 생명, 즉 영적인 생명을 일컫습니다. 죽음이 없는 영원한 생명인 것입니다.

그 생명의 기운을 제공하는 영원한 생명수, 이 물이 어디에서 시작되는지 그 기원을 살펴보면 바로 하나님과 어린양의 보좌에서 흘러나온다는 것을 알 수 있습니다. 하나님과 예수 그리스도가 생명의 근원이 되신다는 것입니다.

이 말씀을 깊이 묵상하다 보면 예수님이 사마리아 여인에게 하셨던 말씀이 떠오릅니다.

예수께서 대답하여 이르시되 이 물을 마시는 자마다 다시 목마르려니와 내가 주는 물을 마시는 자는 영원히 목마르지 아니하리니 내가 주는 물은 그 속에서 영생하도록 솟아나는 샘물이 되리라 요 4:13-14

인간에게 갈증이란 그치지 않는 파도처럼 늘 찾아오기 마련입니다. 사막의 길을 걸을 때 느끼는 타는 목마름만이 갈증이 아닙니다. 채워지지 않는 내면의 공허감으로 끊임없이 무엇인가를 찾아다니는 것도 갈증의 증후군입니다. 끊이지 않는 갈증을 해소하여 영원히 목마르지 않게 할 물이 세상 그 어디에 있겠습니까. 세상 어느 곳에서도 자신을 채울 수 있는 것을 찾지 못한 가련한 여인에게 예수님은 말씀하십니다.

"내가 주는 물을 마시면 영원히 목마르지 아니하리라. 하늘에서 흐르는 물은 그 안에서 영원히 솟아나는 샘물이 되리라. 다시는 결핍의 아픔을 겪지 않으리라."

이렇게 말씀하시는 예수님 자신이 생명의 물이 되십니다. 영원한 갈증 해소는 예수님 자신을 먹고 마실 때 주어지는 하늘의 선물이기 때문입니다. 주님을 소유하는 것이 모든 만족의 시작이며, 주님을 주인으로 모시는 것이 영원한 천국 소망의 첫걸음입니다.

사도 요한은 환상 중에 찬란한 천국의 모습을 상세하게 설명합니다.

모든 눈물을 그 눈에서 닦아 주시니 다시는 사망이 없고 애통하는 것이나 곡하는 것이나 아픈 것이 다시 있지 아니하리니 처음 것들이 다 지나갔음이러라 계 21:4

우리 삶에도 이런 날이 올 것이라고 말합니다. "내가 눈으로 똑똑히 보았다. 언젠가 상상할 수 없는 영광스러운 날이 올 것이니 어떤 상황에도 그날을 소망하라!"고 외치는 것 같습니다.

천국에서 이루어질 일을 살펴보면 땅 위에서 겪는 우리 인생이 어떤지 한눈에 볼 수 있습니다. 눈물과 아픔으로 얼룩진 인생이요, 죽음으로 치닫는 지상의 인생길입니다. 우리 가운데 누가 이런 삶에서 예외일 수 있을까요.

요한은 이런 우리에게 언젠가 열릴 하늘의 소망을 펼쳐 놓습니다. 우리를 지극히 사랑하시는 하나님이 우리 눈에 고인 눈물을 닦아 주실 날이 올 것이라고, 어두운 불면의 밤을 지새우며 베 갯잇을 눈물로 적시는 우리의 눈물이 마를 날이 올 것이라고, 우 리를 그 자비의 손으로 안으시고 당신의 가슴으로 품으실 날이 올 것이라고 말합니다. 모든 불완전한 것이 새롭게 되는 그날을 소망하며 오늘을 이겨 내라고 말합니다. 하나님이 계시고, 하나 님이 예비하신 천국이 우리 앞에 있기에 유한한 세상의 삶 속에 서도 평안을 누리라고 우리를 초청합니다.

그렇다면 천국의 생명나무는 어떤 모습을 하고 있을까요?

강 좌우에 생명나무가 있어 열두 가지 열매를 맺되 달마다 그 열매 를 맺고 그 나무 잎사귀들은 만국을 치료하기 위하여 있더라 계 22:2

참으로 놀라운 모습입니다. 열두 가지 열매는 때에 맞게 열리 는 풍성한 열매를 상징합니다. 그 잎사귀는 만국을 치료하는 능 력을 갖고 있습니다. 풍성한 열매와 치료하는 능력에서 우리의 모든 연약함을 치유하시는 예수님의 임재를 느낄 수 있습니다. 천국이 천국 되는 이유는 아름다운 자연이나 치유를 넘어 예수님 의 임재가 있기 때문입니다.

좌우에 있는 생명나무를 그려 보면 떠오르는 장면이 있습니 다. 바로 하나님이 에덴동산에 만드셨던 생명나무입니다. 인간이 하나님의 말씀에서 벗어나 범죄한 후에 하나님은 생명나무에 인간이 접근하지 못하도록 천사들과 불 칼로 막으셨습니다. 그 에덴동산의 생명나무가 다시 우리 앞에 펼쳐졌습니다. 저주의 시간이 지나고 축복의 문이 열렸음을 상징합니다.

제가 처음 교회를 다니던 고등학생 시절, 꿈에서 천국을 한 번 다녀온 경험이 있습니다. 당시 저의 가족을 비롯해 집안 친척들까지 교회를 다니는 사람은 아무도 없었습니다. 외할머니가 유일하게 시골길을 두 시간이 넘도록 걸어서 인근에 유일하게 있던 교회를 다니셨습니다.

할머니의 임종을 하루 앞둔 어느 날 밤, 저는 천국 열차를 타고 하늘에 올라가는 꿈을 꾸었습니다. 그곳에서 찬란하고 거대한 성을 보았습니다. 그 광경에 압도되어 넋을 잃고 황홀함에 빠져 있는데 어딘가에서 웅장한 소리로 "이제 왔느냐" 하는 말씀이 들렸습니다. 신앙이 별로 없던 저였지만 그것이 하나님의 음성이고, 제가 서 있던 곳이 천국임을 알 수 있었습니다.

지금까지도 또렷이 기억되는 제가 본 천국의 모습은 빛깔 좋고 탐스러운 과일들이 나무에 주렁주렁 열려 있는 것이었습니다. 얼마나 많이 달렸던지, 저는 그 과실을 얼른 따서 아버지, 어머니께 가져다드려야겠다는 생각에 정신없이 바구니에 담았습니다. 한 가지 더 놀라운 것은 천국의 나무에 달린 과실은 아무리 많이 따서 바구니에 담아도 줄어들지 않았다는 사실입니다.

한참 시간이 지나고 기차가 떠나는 소리가 들려왔습니다. 저는 재빠르게 뛰어가서 달리는 기차에 간신히 올라탄 뒤 무사히 지상으로 내려올 수 있었습니다. 기차는 외할머니의 집 뒤뜰에 멈추었고, 외할머니를 태우고 하늘로 다시 올라갔습니다. 그다음 날 외할머니가 하나님 품에 안기셨다는 소식을 듣게 되었습니다.

가족 중 어느 누구도 믿음이 없던 시기에 그나마 교회를 다니기 시작한 저에게 하나님은 외할머니가 천국에 가신 것을 확실히 보여 주셨고, 그로 인하여 천국을 향한 어렴풋한 신앙을 가지게 되었습니다. 지금도 그때 제가 보았던 천국을 떠올리면 웅장한 도성의 모습과 하나님의 인자하면서도 장엄한 음성, 사방에 넘쳐 나던 과일이 눈에 선합니다.

성경은 천국의 모습을 사시사철 열매가 풍성한 곳으로 설명합니다. 단지 우리가 먹는 열매만이 아니라 모든 것을 치유하는 열매, 영원한 하나님의 생명을 누릴 수 있는 열매라고 말합니다. 이 생명나무가 하는 일을 보면 한 가지 의문이 생깁니다.

'천국에는 아픔과 슬픔은 더 이상 없고 질병도 죽음도 없을 텐데 왜 치유가 필요할까?'

'치료'를 가리키는 헬라어 '테라페이아'는 오늘날 우리가 사용하는 '테라피'(therapy)와 같은 의미입니다. 테라페이아는 '힐링'(healing)과 마찬가지로 좋은 건강을 준다는 의미로 이해할 수 있습니다. 천국에서 영원한 생명을 누리지만, 가장 건강하고 멋진 모습으로 우리를 유지시켜 준다는 말입니다. 하나님의 은혜로 영생을 누릴 뿐 아니라 더 풍성한 생명을 누린다는 의미입니다.

그렇다면 천국에서 우리는 어떤 모습일까요? 이 땅에서의 삶을 마치면 화장을 하든 매장을 하든 시간이 지나면 흙으로, 바람으로 다 사라질 것입니다. 그리고 우리의 영혼은 바로 주님 앞에서 눈을 뜨게 될 것입니다. 천국에서 주님을 만날 때 우리는 영원히 썩지 않을 새로운 몸으로 만나게 될 텐데 그때 우리는 과연 어떤 모습을 갖게 될까요?

고린도전서 15장에서 바울은 천국에서 회복될 우리의 모습을 '씨앗'에 비유합니다. 심어진 씨앗이 어떤 모습으로 자라날지 확실히 알 수는 없지만, 분명한 것은 가장 멋지고 건강한 모습일 것입니다. 하나님이 우리를 온전한 모습으로 회복시키실 것이며 천국의 생명나무가 우리를 최상의 상태로 지켜 주기 때문입니다. 이것이 예수님을 나의 주님으로 모시고 살아가는 사람에게 주어진 하늘의 소망입니다.

주님의 얼굴을 보는 위대한 축복

천국의 모습이 이렇다면 그런 천국에서는 과연 어떤 일들이 일어나는지도 궁금해집니다.

다시 저주가 없으며 하나님과 그 어린양의 보좌가 그 가운데에 있으

리니 그의 종들이 그를 섬기며 그의 얼굴을 볼 터이요 그의 이름도
그들의 이마에 있으리라 계 22:3-4

인류가 죄에 맞닥뜨렸을 때 그에게 주어진 심판은 저주였습
니다. 천국에는 그 저주가 없다고 선포합니다. 아담 이후로 모든
사람이 저주의 대상이 되었지만 예수님의 은혜로 저주의 사슬이
끊어진 것입니다. 천국에서는 사랑하는 자녀들을 위한 축복의 강
물이 흐릅니다.

천국에서 가장 영광스러운 일은 하나님과 예수 그리스도의 모
습을 직접 볼 것이라는 사실입니다. 예수님을 만나기 위해 골방
으로 들어갈 필요가 없습니다. 누구라도 우리 곁에 계시는 주님을
만날 수 있습니다. 요한복음에서는 이 예수님이 육신이 되어 우리
가운데 거하신다고 말합니다(요 1:14). 예수님이 실제 몸으로 지상
에 머무신 것은 잠시지만 천국에서 주님은 우리와 영원히 함께하
십니다. 천국이 천국인 것은 예수님이 함께하시기 때문입니다.

우리가 하나님의 얼굴을 본다는 것은 성경적으로 매우 중요
한 의미가 있습니다. 타락하기 전에 아담은 하나님과 함께 동산
을 거닐며 대화하기도 했습니다. 하나님의 얼굴을 본다는 것은
인간에게 주어진 위대한 영광이었습니다. 인간은 타락한 후에 가
장 먼저 하나님의 얼굴을 피해 숨는 일을 했습니다. 결국 에덴동
산에서 쫓겨나 더 이상 하나님의 얼굴을 보지 못했습니다.

하나님의 얼굴을 본다는 것은 아담이 그 옛날 잃어버린 하나님과의 관계가 회복되었다는 뜻입니다. 주님과의 관계가 회복되면 어떤 일이 일어날까요? 땅 위에서 사는 날 동안에는 하나님의 얼굴을 사모하며 살아가게 될 것이고, 이 땅을 떠나 천국으로 들어가는 순간에는 영광스러운 주님의 얼굴을 직접 보는 축복을 누리게 될 것입니다. 하나님의 얼굴을 보는 것 자체가 성도에게 주어진 가장 위대한 축복입니다. 구약에서 가장 유명한 축복 기도가 이 사실을 말해 줍니다.

> 여호와는 네게 복을 주시고 너를 지키시기를 원하며 여호와는 그의 얼굴을 네게 비추사 은혜 베푸시기를 원하며 여호와는 그 얼굴을 네게로 향하여 드사 평강 주시기를 원하노라 민 6:24-26

하나님이 주시는 가장 특별한 복은 하나님의 얼굴을 우리에게 비추시고 우리에게 하늘의 은혜를 주시는 것입니다. 거룩함과 사랑으로 그윽하게 빛나는 주님의 얼굴을 보는 것이 더 이상 두려움이 아니라 기쁨과 감격이 되는 것입니다. 지상에서는 주님의 얼굴을 희미하게 보겠지만 영광스러운 천국에서는 주님과 얼굴을 마주하고 볼 것입니다. 주님과 친밀한 관계가 회복되어 매 순간 주님이 주시는 축복의 대상이 된다는 뜻입니다.

찰스 스펄전은 "천국 중의 천국"(The Heaven of Heaven)이란 제

목의 설교에서 천국의 영광스러운 모습을 이렇게 설명합니다.

"성도들이 그곳에서 예수님을 보게 되는 것은 천국이 주는 최고의
축복, 천국의 정수, 천국 중의 천국과 같습니다."

천국에서 하나님의 얼굴을 본다는 것은 주님이 우리의 모든
죄악을 벗겨 긍휼의 옷으로 갈아입히시고, 주님의 붉은 피로 다
씻어 내시어 하나님의 의로운 아들딸로 새롭게 태어나게 하셔서
감격스럽게 주님의 얼굴을 보는 것을 뜻합니다. 사랑하는 아들딸
을 향한 인자한 아버지의 눈빛을 마주할 날이 올 것입니다. 사랑
하는 사람의 얼굴을 볼 순간을 설레는 마음으로 기대하듯 우리는
주님 만날 날을 기대하게 될 것입니다.

이 거룩한 기쁨에 사로잡힌 마틴 로이드 존스 목사는 이 땅을
떠날 때가 되었을 때 주위 사람들에게 부탁했습니다.

"내가 병 낫기를 위해 기도하지 말게나. 영광의 주님의 얼굴을
볼 시간을 조금이라도 지체하고 싶지 않으니."

복음을 위해 참으로 훌륭한 인생을 불태웠던 팀 켈러 목사 역
시 주님의 품에 안기기 전날 확신에 차 이런 고백을 남겼습니다.

"주님 뵙는 시간을 지체하고 싶지 않구나. 주님 곁으로 보내
다오."

이것이 천국의 소망을 가진 사람들의 위대한 마지막 고백입

매일 소망

니다. 주님을 진실하게 사모하는 사람, 천국을 열망하는 사람, 주님의 얼굴을 사모하는 사람에게는 이 땅을 떠나는 마지막이 가장 영광스런 순간이 될 것입니다.

제가 목회하는 교회에서 이전에 섬겼던 부목사님 중에 민영진 목사님이 있습니다. 오랜 세월 코스타리카에서 선교사의 삶을 살다가, 은퇴한 후에도 어르신들을 섬기는 일에 마지막까지 삶을 불태운 분입니다.

목사님은 폐가 너무 좋지 않아 호흡하기 어려운 상황에도 산소통을 메고 교회 사무실에 나와 산소를 흡입해 가며 하루 수십 명의 어르신들을 매일같이 전화로 심방했습니다. 제가 목사님에게 아무 일도 하지 말고 기도만 해도 훌륭한 섬김이라고 자주 말씀을 드렸지만, 그럴 때마다 목사님은 이렇게라도 섬길 수 있는 것이 너무 행복하다고 말씀하곤 했습니다. 그렇게 마지막까지 신실하게 섬기다가 주님 품에 안겼습니다. 천국환송예배를 드리면서 목사님이 가장 좋아하셨던 찬송을 불렀습니다. 찬송가 〈구름 같은 이 세상〉(새찬송가 483장) 가사에는 목사님이 걸어오신 삶의 여정이 고스란히 녹아 있습니다.

구름 같은 이 세상 모든 부귀영화
나는 분토와 같이 내어 버리고서
오직 천국의 복을 사모하며 사니

구원받은 내 이름 기억하옵소서 1절

죄가 하나도 없고 아무 병도 없는
영화롭고도 밝은 천국 올라가서
주와 함께 그곳에 길이 살겠으니
이런 소망의 삶은 참된 행복이라 3절

주가 나의 이름 보좌 앞에 놓인
어린양 생명책에 기록하옵소서 **후렴**

목사님은 천국을 사모하는 마음으로 마지막까지 가쁜 숨을 내쉬며 성도 한 사람 한 사람을 보살피다가 주님께 안겼습니다. 언젠가 우리도 이 땅을 떠나 천국으로 들어갈 때 한없는 자비와 긍휼의 팔로 우리를 안아 주실 주님을 만나게 될 것입니다. 이러한 주님을 사모하는 사람은 잠시 머무는 땅 위의 삶을 매 순간 순례자의 마음으로 살아가게 될 것입니다.

그날을 기다리며 살아가는 사람에게는 순간마다 보람과 의미로 충만합니다. 허무와 죽음으로 끝나는 인생이 아니라 내 작은 삶을 통해서도 주님의 이름이 높아진다는 생각을 하면 부족함과 연약함으로 아파할지라도 우리 삶은 진실로 가치 있을 것입니다.

세세토록 왕 노릇 하리라

그렇다면 천국에서 우리는 어떤 존재로 살아갈까요?

먼저 기억할 것은 천국에는 밤이 없다는 사실입니다. 등불도 태양도 필요 없습니다. 태양보다 빛나는 하나님의 영광이 늘 우리를 비추고 있을 것이기 때문입니다. 주님이 요한을 통해 보여 주신 약속입니다.

다시 밤이 없겠고 등불과 햇빛이 쓸데없으니 이는 주 하나님이 그들에게 비치심이라 그들이 세세토록 왕 노릇 하리로다 계 22:5

대학원에서 영시를 공부하면서 존 밀턴(John Milton)의《실락원》에 깊이 심취하여 졸업논문까지 썼습니다.《실락원》에는 천국을 참으로 아름답게 묘사한 부분이 나옵니다. 천국은 하나님에게서 흘러나오는 영광의 빛으로 항상 눈이 부실 것입니다. 그러나 잠들고 싶을 때에 살짝 몸을 눕히면 꽃이 침대를 만들어 주고 거대한 나뭇잎이 눈을 덮어 영광의 빛을 잠시 가리어 편안하게 잠들게 할 것입니다. 이보다 더 아름다운 천국에 대한 묘사가 있을까요. 요한계시록에는 우리의 존재를 설명하는 감격스러운 표현이 나옵니다.

"세세토록 왕 노릇 하리로다."

'왕 노릇 한다'는 말의 헬라어는 '바실레우'로 '다스리다'라는 의미입니다. '다스리다'의 히브리어는 '말라크'입니다. 이 단어의 명사형은 '멜레크'로서 우리말로 '왕'이란 의미입니다. 우리 신분이 다스리는 왕의 존재로 변화된다는 말입니다.

하나님의 형상과 모양대로 지으신 아담에게 주셨던 위대한 권세는 만물을 다스릴 수 있는 왕적 권세였습니다. 범죄로 상실한 그 왕적 영광을 다시금 회복시켜 주시겠다는 말입니다. 그것도 세세토록 왕 노릇 할 것이라고 말씀하십니다. 왕이신 하나님의 아들딸이 되는 존재로 만들어 주신다는 것입니다. 이것이 우리 앞에 펼쳐질 천국에서의 영광스런 미래입니다.

그런 천국을 바르게 알아야 사모하는 마음이 일어나고, 사모함이 일어나야 기다림이 깊어집니다. 나는 정말 천국을 사모하며 살아가는지 한번 되짚어 보기를 바랍니다. 오직 천국을 믿고 확신하는 사람만 천국에 대한 소망으로 살아갈 수 있습니다.

이 땅에서 호흡하며 하늘을 향해 살라

주님의 계시로 천국을 보고 기록한 사도 요한에게 천국은 실제로 어떤 의미였을까요? 함께 예수님을 따랐던 제자들은 오래전에 순교의 제물로 이 땅을 떠났습니다. 90세가 넘도록 세상과 고립된 섬에서 외롭고 고단한 삶을 살았던 요한, 어느 날 그에게 하나님이 찾아오셔서 영의 눈을 열어 천국을 보게 하셨습니다.

요한의 마음에 하늘의 음성을 들려주신 하나님은 그를 통해 역사에 영원히 남을 요한복음과 요한계시록 같은 하늘의 복음을 기록하게 하셨습니다.

요한이 경험한 그 천국이 나에게는 어떤 모습으로 다가오고 있습니까? 천국에 대한 소망이 나의 삶에 오늘을 견디고 이겨 낼 수 있는 힘을 제공해 주고 있습니까?

때로는 육신의 질고로, 때로는 이해되지 않는 수많은 일로 이 땅 위에서의 삶이 괴롭고 고통스러울지라도 그 눈물을 닦아 주실 하나님이 기다리고 계십니다. 머지않아 주님이 우리를 부르시는 날, 부끄럽고 죄 많고 허물진 모습으로 주님 앞에 서지만, 긍휼과 자비의 날개로 우리를 감싸 주시는 주님이 계십니다. 이 사실을 믿는 사람은 어떤 상황이 펼쳐진다 해도 이 땅에서 주어진 삶에 충성스럽게 살아갈 힘을 얻습니다.

천국 소망을 가슴에 품은 사람은 삶의 모든 영역에 기적 같은 변화가 일어납니다. 아침에 눈을 뜰 때 동녘의 햇살이 창가에 고운 빛을 비출 때면 감격과 기대감으로 부풀어 하루를 시작합니다. 푸른 하늘을 바라볼 때나 귓가에 스치는 새들의 노랫소리를 들을 때마다 하나님께 기쁨의 찬양을 드리게 됩니다. 얼굴을 스치는 고운 바람에 자신이 살아 있음을 느낄 때면 오늘도 한 날의 삶을 선물로 주신 하나님께 감사의 기도를 드리게 될 것입니다. 잠시 살아가는 땅 위의 삶에서 영원한 천국을 소망하며, 언젠가 주님이 부르시는 날 가장 영화로운 모습으로 주님을 만나게 될 것입니다.

오랫동안 신앙생활을 하고 있지만 아직도 천국에 대한 소망이 일어나지 않는다면 기도하기 바랍니다.

"주님, 요한이 본 천국을 제가 볼 수 있도록 영의 눈을 열어 주소서. 천상의 주님, 그 찬란한 영광의 주님을 바라보게 하소서. 지상의 삶을 여행처럼 아름답게 잘 마치고 주님 앞에 서는 날이 가장 영광스러운 날이 되게 하소서."

제 목회 초기에 가장 큰 아픔은 늘 곁에 계시는 성도님들을 천국으로 보내드리는 일이었습니다. 거의 매주 누군가를 보내 드려야 하는 아픔에 직면할 때마다 어떻게 이 고통을 이겨 낼 수 있을까 고민이 깊었습니다. 목회의 시간이 길어질수록 성도들과 교제하는 시간도 늘어나며 친밀한 관계가 더 깊어질 것이고, 그 가운데 어머니, 아버지처럼 여겼던 분들을 떠나보내야 할 때가 올 텐데, 그 반복되는 아픔을 어떻게 극복해야 할지가 저에게는 해결해야 할 과제였습니다.

10년이 훨씬 넘도록 교회를 섬기면서 주님께서는 예기치 않은 깊은 은혜와 평강으로 채워 주셨습니다. 천국을 소망하며 진정 아름다운 모습으로 주님 품에 안기시는 성도님들을 보았기 때문입니다. 저에게 감격스러운 인사를 남기고 주님 앞에 서신 형님 같은 분이 계십니다.

"목사님, 천국에 먼저 가 기다리겠습니다. 목사님 오실 때 제가 가장 먼저 마중 나가겠습니다. 그러니 목사님, 눈물 흘리지 마세요. 가장 좋은 곳으로 먼저 가는 것뿐입니다."

최근 저의 장인어른과 함께 초등학생 시절부터 신실하게 믿음 생활을 해 오셨던 한 장로님의 고별예배를 드렸습니다. 예배 가운데 장로님의 아들이 했던 조사가 마음에 깊이 남았습니다. 그는 20년 전, 친구 아버지의 장례식에 참석했습니다. 한국말로 설교하는 목사님의 말을 대부분 이해하지 못했지만 마지막 한 부분은 분명하게 가슴에 남았다고 고백했습니다. "우리 그리스도인들은 죽음 앞에 '굿 바이'(good bye)라고 인사하는 것이 아닙니다. 조금 후에 만나자고 '씨 유 레이터'(see you later)라고 인사하는 것입니다." 그 아들은 조사를 마친 후 아버지를 주님의 품으로 보내 드리면서 이렇게 인사했습니다. "아버지, 조금 후에 다시 만나요."

세월이 흘러 자신도 세상을 떠날 때가 온다면 그때 자신의 아이들도 이와 같이 인사해 주면 좋겠다고 했습니다. 이것이 땅 위에서 살아가는 그리스도인들이 죽음 앞에서 보여 줄 수 있는 가장 아름다운 삶의 모습입니다.

목회하면서 수많은 사람을 그렇게 아름다운 고백과 함께 주님 품으로 보내 드렸습니다. 믿음의 어르신들이 남기신 마지막 한마디를 떠올릴 때마다 죽음이 신자의 삶에 가장 아름다운 순간이라는 것을 다시금 깨닫곤 합니다. 시편 기자의 말처럼 하나님은 신자의 죽음을 참으로 귀하게 보십니다.

존 스토트는《제자도》에서 천국의 영광스러운 모습을 이렇게 노래합니다.

"이 땅에서 하나님의 백성과 함께 드리는 예배가 이토록 깊은 만족을 준다면, 하늘에서 함께 드리는 예배는 얼마나 더 황홀할 것인가? 지상의 일몰과 새 땅의 아름다움이 우리를 이토록 흥분시킨다면, 새 하늘과 새 땅의 아름다움은 도대체 어떨 것인가?"

하나님이 보내신 세상이라는 무대에서 호흡하는 날 동안, 어떻게 해야 매순간 하늘을 향해 살아가는 삶을 살아갈 수 있을까요? 그토록 사모하는 예수님의 얼굴을 직접 마주하고 바라볼 그 날까지 매 순간 하늘을 향한 소망으로 살아가는 삶, 고난과 아픔으로 얼룩진 인생이라 해도 주님의 긍휼과 자비에 의지하여 하나님의 자녀로 감격 속에 살아가는 삶, 이것이 천국을 소유한 그리스도인의 삶입니다. 넘어지고 쓰러진다 해도 그 깊은 사랑으로 찾아오셔서 우리 손을 붙들고 일으켜 세우시는 주님, 그 주님으로 인하여 오늘도 조금 더 주님을 닮고자 하는 소망의 노래를 부를 수 있습니다. 언젠가 우리의 호흡이 다하고 주님을 만나는 그 영광스러운 날까지 우리의 삶에 최고의 순간은 아직 오지 않았습니다.